QUI VA PAYER LA CRIS€ ?

DU MÊME AUTEUR

La crise des années 30 est devant nous, Perrin, 2007.
La Guerre des empires. Chine contre États-Unis, Fayard, 2010.

François Lenglet

QUI VA PAYER LA CRIS€ ?

Fayard

Ouvrage édité sous la direction
de Fabrice d'Almeida

Couverture : Atelier Didier Thimonier,
photographie © Christophe Russeil/France Télévisions

ISBN : 978-2-213-67159-8

INTRODUCTION

Fractures

Un jour, les livres d'histoire de nos petits-enfants raconteront nos tentatives pour nous dégager des sables mouvants de la crise de l'euro, de la même façon que nous avons décrit, dans nos propres manuels, les efforts infructueux de nos grands-parents pour contrer la crise des années 1930. Comment ont-ils pu être si naïfs ? Comment n'ont-ils pas vu qu'à se débattre ainsi dans les fers qui leur mordaient la chair ils ne faisaient qu'approfondir la blessure ? À l'automne 2012, la crise de l'euro a fêté son troisième anniversaire. Elle a donc à peu près mille jours d'âge. Et l'on a décaissé environ mille milliards d'euros d'aides diverses pour les pays du Sud et de la périphérie de l'Europe, lorsqu'on additionne les prêts du Fonds de stabilité, les aides d'urgence, les abandons de créances et les achats d'obligations effectués par la Banque centrale européenne.

Mille milliards. Ces deux mots ont perdu leur sens pour l'honnête homme, tant les zéros ont valsé ces dernières années. Mille milliards, cela représente douze zéros. Si chaque seconde nous mettions de côté un euro, il faudrait trente et un mille ans pour parvenir à épargner ce que nous avons dépensé depuis le début de la crise de l'euro. Pour amasser une telle somme, il aurait donc fallu commencer à l'époque de l'homme de Neandertal : une seconde, un euro, une seconde, un euro… Changeons un instant de registre : imaginons qu'un euro vaut non plus une seconde, mais un centimètre. Avec la somme utilisée pour le sauvetage de l'euro, il y aurait de quoi faire plus de dix fois l'aller-retour de la Terre à la Lune.

« Sauvetage » est-il d'ailleurs le terme approprié ? Certes, l'euro existe encore, mais le chômage n'a jamais été plus élevé. Dix-huit millions de personnes sont sans emploi dans la zone euro, avec des taux d'inactifs qui vont jusqu'à 25 % de la population en âge de travailler dans les pays les plus atteints, et 50 % pour les jeunes. Plusieurs pays de la zone, au bord de la faillite, ont été contraints de faire appel au Fonds européen de stabilité financière, une caisse commune créée dans l'urgence lors des premières difficultés. La Grèce est en déconfiture totale. L'Irlande ploie sous le joug d'une dette insupportable. L'Italie lutte pied à pied avec une récession qui s'approfondit et une dette qui mange chaque année 80 milliards d'euros rien que pour les intérêts, soit près de 6 % du pib. L'Espagne tombe comme une pierre. En mai 2012, à Madrid, le Premier ministre assurait encore n'avoir besoin que de quelques milliards de prêts. En juillet, il concédait une erreur d'appréciation et demandait à ses partenaires de rajouter un zéro. Avant Noël, ce ne sont plus des dizaines, mais des centaines de milliards qu'il aura empruntés à l'Europe ou à la Banque centrale européenne pour soulager ses finances effondrées, ses provinces en faillite et ses caisses d'épargne zombies.

Toute la zone bascule lentement dans la récession, par le Sud. Les déficits se sont creusés, le niveau des dettes publiques a progressé en moyenne de 30 points de pib. La plupart des pays de la zone ont perdu leur « triple A », la fameuse note qui sanctionnait leur solidité financière, ou risquent de le perdre. Les marchés financiers connaissent des accès de panique qui les poussent à étrangler les États en difficulté en leur imposant des taux d'intérêt insupportables. Les innombrables sommets se succèdent et se ressemblent. Déclarations de matamore dans les jours qui précèdent, empoignades pendant le dîner, négociations tardives, communiqué au petit matin avec les « décisions historiques » qui ramènent le calme – trois jours, tout au plus.

Quant aux classes politiques nationales, elles ont perdu leur crédibilité. Chaque élection est un désaveu pour le pouvoir en place, quelle que soit sa couleur politique. À force de sortir les sortants, les Européens se tournent maintenant vers les partis nationalistes ou extrémistes. En Grèce, en Finlande, aux Pays-Bas, en France. L'Italie a déjà pris le virage avec l'impayable Ligue et ses gauchistes ressuscités.

Pour le dire sans détour, le sauvetage de l'euro est un échec monumental. Les grandes entreprises et les banques commencent à envisager la fin de la monnaie unique, certaines s'y préparent déjà. Les ambassades britanniques dans la zone euro ont reçu pour instruction de protéger et de dépanner leurs ressortissants avec des espèces, dans l'éventualité d'une fermeture brutale des guichets qui suivrait un *run* bancaire de grande ampleur. Les épargnants des pays du Sud, en Grèce et en Espagne, anticipent eux aussi l'explosion de l'euro et délocalisent leurs économies dans les banques du Nord, en Allemagne, ou bien en dehors de la zone, au Royaume-Uni, de façon à éviter la dévaluation de leur épargne. Plusieurs centaines de milliards d'euros ont ainsi migré, comme les cigognes en été, du sud vers le nord de l'Europe. Et le rythme des transferts s'accélère.

Les marchés financiers font le même calcul, et prêtent désormais à des taux d'intérêt négatifs, sur des périodes courtes, aux États les mieux gérés, préférant placer leurs fonds dans des titres un jour reconvertis en Deutsche Mark, en couronnes finlandaises ou même en francs français en cas d'explosion de l'euro. Les dénégations et les serments des chefs d'État et de gouvernement ont perdu le pouvoir de rassurer : si l'euro était vraiment « irréversible », pourquoi faudrait-il le répéter sans cesse ? Mario Draghi lui-même, président de la Banque centrale européenne, a levé le dernier tabou en évoquant un risque nouveau de « convertibilité », le 2 août dernier. En langage ordinaire, ce risque s'appelle tout simplement celui du retour aux monnaies nationales.

À l'automne 2012, une nouvelle phase de la crise, plus sérieuse, s'enclenche. La première étape, à compter de 2009, avait vu le nord de l'Europe prendre le pouvoir sur le sud, en lui imposant une rigueur contre-productive et dangereuse. Une rigueur qui a sapé les bases de l'économie et l'a précipitée dans la spirale de la dépression. La bonne politique pratiquée au mauvais moment est une mauvaise politique… qui a débouché sur un paradoxe : après plusieurs années de rigueur, les pays du Sud ont vu en réalité leur dette non pas diminuer, mais *augmenter*, mesurée en proportion de leur pib. Et avec la dette ont augmenté aussi les chances qu'ils fassent faillite, et qu'ils emportent l'euro dans leur chute.

Une seconde phase a débuté avec l'élection présidentielle française et le sommet du 29 juin dernier. Elle ouvre la voie à une sorte de fédéralisme subreptice. Alors, le Sud a renversé la table en demandant au Nord de payer désormais les dettes méridionales. L'Italie a obtenu que la Banque centrale européenne rachète ses obligations sur les marchés financiers, et l'Espagne que la collectivité lui prête 100 milliards d'euros pour recapitaliser ses banques, sans les conditions draconiennes habituelles. Ce renversement du rapport de forces était inévitable. Les pays du Sud n'ont plus ni argent ni perspective de rétablir leur compétitivité et leur croissance. Il faut soit qu'ils quittent l'union monétaire, soit qu'on règle leurs échéances pour eux. Si le Nord ne veut pas prendre le risque de faire exploser l'euro, il doit payer. En bonne dialectique, l'esclave est devenu le maître du maître. Et le maître, l'esclave de l'esclave. L'arrivée de François Hollande à l'Élysée a changé le rapport de forces. Du temps de « Merkozy », ce couple étrange et instable formé par Nicolas Sarkozy et Angela Merkel, les Sudistes n'auraient probablement pas tenté une telle opération. Il faut dire qu'entre-temps leur situation intérieure s'est dégradée au point de rendre leur chantage à la faillite plus que crédible.

Nous ne sommes qu'au début de la seconde phase. C'est la plus dangereuse politiquement, parce qu'une forte pression va s'exercer sur les pays du Nord, les Pays-Bas, l'Allemagne et la Finlande, pour mutualiser les énormes dettes accumulées, c'est-à-dire pour en décharger les pays du Sud. Or, les électeurs de ces pays ne se laisseront pas ruiner sans coup férir. Ils refuseront d'assumer une solidarité de plus en plus coûteuse. Les élections néerlandaises, le 12 septembre dernier, tout comme celles de Finlande l'année dernière, ont souligné la montée en puissance de l'opposition anti-euro. Qu'en sera-t-il de l'Allemagne, qui votera en septembre 2013, et qui aura probablement à s'exprimer par référendum avant cette date pour modifier sa constitution afin de l'européaniser ? L'opinion populaire allemande est devenue méfiante vis-à-vis de la monnaie unique, tout comme les élites économiques du pays. En sus du coût budgétaire du sauvetage de l'euro, la Bundesbank, la banque centrale allemande, a consenti des crédits de plusieurs centaines de milliards d'euros à ses consœurs méridionales. La banque centrale des Pays-Bas est elle aussi largement créditrice.

Ce n'est pas la sortie de la Grèce, ou de tout autre pays de la périphérie, qui constitue le risque le plus important. L'euro peut très bien vivre sans Athènes. Voilà plus de deux ans que tout le monde se prépare à cette éventualité. Quant aux Grecs, ils vivraient bien mieux sans l'euro, pourvu qu'ils soient aidés à sortir. Le vrai risque pour l'euro, c'est la révolte des contribuables septentrionaux et le départ d'un des pays du Nord, l'un de ceux dont la solidité financière garantit le devenir de l'ensemble.

Le Sud ne peut plus payer, et le Nord ne veut plus payer, voilà l'équation de l'automne 2012. Le Sud concentre des risques financiers et sociaux très élevés, alors qu'au Nord, ce sont les risques politiques qui montent. Une épreuve de force se profile entre les deux moitiés du continent – une sorte de guerre de Sécession à l'européenne.

Derrière cette fracture entre le nord et le sud de l'Europe, il en est une autre, plus importante encore pour l'issue de la crise : celle qui oppose la finance au contribuable. Depuis le début des tensions au sein de la zone euro, la finance et les détenteurs de capitaux l'ont emporté face au citoyen. La finance a même écrasé le contribuable. Les gouvernements ont tout d'abord tondu le contribuable du Sud, à force de plans de rigueur destinés à rembourser la dette. Les pays du Nord ont piloté cette étape, avec la caution du Fonds monétaire et avec l'appui sans faille de la finance. Dès que tel ou tel parlement méridional votait une série de coupes budgétaires ou de hausses d'impôt, c'était l'euphorie sur les marchés : actions en hausse, taux d'intérêt en baisse. Non pas que les financiers soient en faveur de l'euro et qu'ils se soient réjouis de perspectives plus riantes pour la monnaie unique. Ils considéraient simplement la possibilité d'être remboursés. La seule raison qui puisse déclencher l'euphorie sur les marchés financiers reste la promesse d'un gain, ou l'assurance qu'une perte va être évitée.

Ce que l'été 2012 a montré : un renversement d'alliance. Détenteurs de capitaux et prêteurs, voyant que la rigueur au Sud n'offrait plus aucune certitude d'être remboursés, se sont retournés contre le Nord. Et ils ont fait alliance avec l'Europe des sans-le-sou, l'Italie et l'Espagne, pour demander la mutualisation des dettes. En clair, ils veulent dépouiller le contribuable du Nord à la place de son homologue du Sud, qui a été essoré. La finance adore les « eurobonds », parce que c'est un chèque garanti par les meilleures signatures de la zone pour rembourser les prêts consentis aux moins bonnes. Là encore, si les marchés votent pour la mise en place d'une dette européenne, ce n'est pas par romantisme, mais par pur intérêt. *Idem* pour le concert unanime des experts de banque qui nous assurent que l'euro ne survivra que si l'on renonce à la souveraineté économique et budgétaire au profit d'on ne sait quelle entité fédérale : ils ne font que défendre les intérêts financiers et la puissance de leurs employeurs. *Idem* encore pour les déclarations enflammées en faveur de la monétisation de la dette par la Banque centrale européenne, qui permettrait aussi aux financiers d'être remboursés de la dette insupportable qu'ils ont consentie de façon très imprudente. Tout est bon pour éviter le krach, pour tenter de revenir au monde d'avant la crise.

Si la finance aime autant l'Europe, c'est que celle-ci a préservé les intérêts des détenteurs de capitaux en organisant le sauvetage de l'euro à partir d'un seul objectif : rembourser la dette. Non pas rétablir la croissance ou arriver au plein emploi. Mais rembourser une dette qui ne peut pas l'être, compte tenu de son poids excessif. Et c'est précisément pour cela que le sauvetage n'aboutit pas et qu'il entraîne l'euro vers la désintégration. Le pacte avec la finance ne mène à rien d'autre qu'à l'enrichissement des rentiers au détriment de la prospérité collective, précipitant l'euro et l'Europe vers la ruine.

En réalité, derrière le tabou de la dette se joue la lutte entre les détenteurs de capitaux et les contribuables. Cette autre fracture, fondamentale, sépare les classes d'âge démographiques. Ceux qui détiennent le capital et l'épargne sont, en majorité, les plus de cinquante ans, qui ont eu le temps d'accumuler ou d'hériter. Ils ont intérêt à ce que les dettes soient payées, car, s'ils ne sont pas encore rentiers, ils vont le devenir bientôt, lorsqu'ils seront à la retraite. Ils tiennent bon nombre des leviers de contrôle politiques et économiques dans nos sociétés. Les solutions qu'ils préconisent pour sortir de la crise ne font que protéger leurs intérêts, au détriment de ceux des classes d'âge qui suivent. Le chômage des jeunes en âge de travailler, en Europe du Sud, est leur cadeau sournois à leurs enfants et petits-enfants. Le sauvetage de l'euro à tout prix est leur seul credo pour sauver leur épargne et, donc, la dette.

Cette génération – c'est un comble – est en grande partie à l'origine de la crise mondiale de l'endettement, parce qu'elle a consacré une bonne part de son intelligence et de son énergie à la déclencher. Les baby-boomers, nés dans les vingt années qui ont suivi la Seconde Guerre mondiale, ont voulu plus de liberté et moins de frontières, parce que leurs pères, au sortir de la guerre, avaient reconstruit le monde en le bornant de limites morales et géographiques.

La génération libérale a patiemment déréglementé, assoupli, libéralisé, rongé les protections, abaissé barrières et frontières, avec la puissance sans frein d'une colonie de termites. Toutes les idées et toutes les technologies disponibles ont été asservies à son objectif. L'internet, bien sûr, qui a fait voler en éclats les limites géographiques et a offert à l'individu un espace de liberté sans précédent. La construction européenne, qui a été littéralement phagocytée par la génération libérale, alors qu'elle avait été initiée par ses pères.

La libéralisation de l'économie et de la finance a évidemment déclenché la fureur de l'endettement. Ménages, entreprises, États, tout le monde est endetté, sur tous les continents. Endettement privé ici, public là, chaque région de la planète a développé sa spécialité. L'Occident et l'Europe en particulier ont poussé l'endettement des États jusqu'aux dernières limites. De temps en temps, le krach menace. Les maîtres du monde trouvent alors un nouveau subterfuge pour différer l'inévitable. Mutualisation des dettes, création monétaire, actions « non conventionnelles » des banques centrales, tout est bon pour ne pas se trouver face à l'explication finale qui serait la ruine des « épargnants », alors qu'il s'agit précisément de ceux qui se sont gavés de richesses au festin financier.

La crise de l'euro est une variante régionale de la crise mondiale de la dette, patiemment et délibérément déclenchée par une génération intempérante qui a dépensé bien plus qu'elle n'aurait dû. Aujourd'hui vieillissante et au faîte du pouvoir, cette génération veut qu'on paie les dettes accumulées, même si c'est au prix d'une croissance plus faible et d'un chômage plus élevé, parce qu'elle en vit. Alors que ces dettes sont bien trop lourdes pour être jamais remboursées – si la crise dure, c'est parce que nous refusons d'admettre cette évidence.

CHAPITRE PREMIER

Aux origines de la crise

Tout le pari initial de l'Europe économique et monétaire tenait dans ce simple mot : convergence. Il s'agissait de rapprocher les économies du continent, pour qu'elles se fondent dans un vaste ensemble où les différences auraient, peu à peu, été arasées par les interactions commerciales, politiques et culturelles, comme les pierres charriées par le même courant se polissent et finissent par se ressembler. Un ensemble qui allait donner naissance à la première puissance mondiale, dirigée pour partie par les États-nations, pour partie par ces curieuses institutions fédérales que les pères fondateurs avaient patiemment mises sur pied, à force de compromis et de textes inintelligibles traduits en dix langues par une armée d'interprètes. Après tout, l'Amérique n'avait-elle pas vu le jour, elle aussi, à partir d'une fédération d'États déjà constitués ?

Vingt ans après la ratification du traité de Maastricht et dix ans seulement après l'introduction de la monnaie unique, il faut se rendre à l'évidence : le plan des fondateurs a complètement déraillé. Jamais les différences économiques n'ont été aussi importantes entre les pays membres de la zone. Jamais une zone monétaire n'a été aussi hétérogène. Différence entre les taux de chômage, qui effleurent la barre des 25 % en Espagne et en Grèce, alors qu'ils dépassent tout juste les 5 % en Allemagne ou aux Pays-Bas. Différence entre les situations budgétaires, où se côtoient des pays en quasi-équilibre, au nord de l'Europe, et des pays méridionaux dont les comptes sont profondément dégradés. Différence de taux d'intérêt, avec Madrid qui emprunte à près de 7 % sur dix ans tandis que Berlin ne paie que 1,30 % sur la même durée. Pour les emprunts à deux ans, l'écart est même supérieur, en proportion, car l'Allemagne et quelques autres ont réussi à la fin de mai 2012 à obtenir des taux d'intérêt négatifs pour leurs échéances : non seulement ils ne verseront aucune rémunération aux investisseurs qui leur ont confié leur argent, mais ils ne les rembourseront pas intégralement. En contrepartie de la sécurité en matière de finances publiques – c'est du moins l'idée que s'en font les marchés financiers internationaux –, les prêteurs acceptent de payer une fraction de leur épargne.

Ces écarts inhabituels ont été provoqués d'abord et aggravés ensuite par la mécanique même de l'union monétaire. L'euro, conçu pour faire converger les économies de la zone, s'est transformé en une gigantesque machine à accroître les divergences économiques.

En principe, une banque centrale agit comme un climatiseur. Dès que la conjoncture fraîchit, elle abaisse les taux d'intérêt, de façon à réduire le coût des projets d'investissements, pour inciter ménages et entreprises à les entreprendre. Du coup, le taux de change se déprécie aussi : comme les détenteurs de monnaie nationale sont moins rémunérés, ils vendent, et le cours baisse, ce qui stimule les exportations. À l'inverse, lorsque la surchauffe et l'inflation menacent, à la suite d'une croissance trop forte, la banque centrale remonte les taux d'intérêt, pour dissuader les projets d'investissements et faire grimper le cours de la devise, c'est-à-dire ralentir les exportations et avec elle la croissance de l'économie. En clair, quand il fait froid, la banque centrale réchauffe l'atmosphère économique et, lorsqu'il fait chaud, elle la rafraîchit – c'est un climatiseur.

Tout le problème est de savoir où l'on installe le thermostat. Dans une vaste habitation possédant plusieurs étages, les pièces n'ont ni la même taille, ni la même exposition au soleil, ni la même fonction. Le thermostat unique, installé dans la plus grande pièce – l'Allemagne –, fournit une température inadaptée aussi bien au grenier qu'à la cave. Aujourd'hui, l'Europe du Sud, en pleine déconfiture, aurait besoin d'un taux de change de l'euro plus bas pour espérer retrouver une compétitivité minimale, alors que le cours actuel de l'euro est très certainement sous-évalué pour l'Allemagne ou les Pays-Bas. La « température unique » a donc pour effet de déprimer encore davantage les économies espagnole ou grecque, qui ploient déjà sous le fardeau de dettes incommensurables.

C'est le régime climatique de l'union monétaire : trop chaud pour le Nord, trop frais pour le Sud, inapproprié pour tout le monde. La mutualisation de l'outil monétaire, essentiel pour la conduite des affaires économiques, l'a privé de toute efficacité. L'union monétaire n'est pas victime d'autre chose que d'elle-même.

Certes, cet inconvénient n'est pas le propre de l'Europe. Toutes les grandes zones monétaires connaissent ces divergences intérieures. Les États-Unis tout d'abord, qui expérimentent aussi des conjonctures disparates d'un État à l'autre. Quand la région industrielle des Grands Lacs connaît la déprime à cause de la crise de la sidérurgie et des difficultés de l'automobile, la Californie caracole grâce à la Silicon Valley, et l'immobilier de Floride flambe avec l'argent des nouveaux riches russes. À l'intérieur des États-Unis, les différences de conjoncture sont donc considérables, tout autant que celles qui écartèlent l'Europe. *Idem* en Chine, où l'étendue géographique de l'empire – vingt fois la France – et sa diversité se manifestent par des taux de croissance, de chômage et des niveaux de vie très hétérogènes.

Mais ces deux ensembles bénéficient de deux régulateurs précieux, qui font défaut à l'Europe. La langue unique, d'abord, qui autorise les migrations de population vers les régions en plein boom. Tant en Chine qu'aux États-Unis, il existe une « immigration intérieure » qui supplée aux déficiences de la politique monétaire et économique unique, en permettant des ajustements réels. M. Li, au chômage dans la province de l'Anhui, peut venir travailler dans le riche Zhejiang ou au Jiangsu, tout près de Shanghai, qui connaissent des pénuries de ressources, tout comme M. Smith peut se déplacer d'un endroit à l'autre au sein des États-Unis. Langue unique et reconnaissance des qualifications et des diplômes permettent d'exercer son métier dans une autre région du même ensemble, et cela du jour au lendemain. Vingt-cinq ans après le marché unique, l'Europe bute toujours sur la reconnaissance des diplômes, malgré les innombrables directives et règlements que la machine bruxelloise a produits sur le sujet. Quant à la langue européenne unique, l'objectif est probablement à jamais irréalisable. Et l'on imagine mal que les sciences cognitives permettent d'échapper à la barrière de l'apprentissage d'une langue, qui nécessite au moins 2 500 heures de travail.

L'autre atout des zones monétaires nationales, fussent-elles de grande taille, tient à l'existence d'un pouvoir fédéral qui prélève, avec la fiscalité, les ressources dans les régions où revenus et bénéfices progressent, et les reverse aux populations nécessiteuses et aux régions en difficulté, au moyen de diverses allocations. Avec les migrations intérieures, la politique de redistribution est le second facteur d'ajustement qui permet de tempérer les inconvénients de la monnaie unique. Rien de tel en Europe, où les « fonds structurels » ne représentent qu'un faible montant et sont affectés à des politiques sectorielles (agriculture, infrastructures de transport, etc.) qui ne permettent pas de compenser les inégalités de conjoncture. Il ne peut y avoir de pouvoir fédéral sans sentiment d'appartenance à une même communauté nationale, la seule légitimité de l'impôt, disent les pourfendeurs de la monnaie unique. Peut-être. Reste que l'union monétaire sans redistribution est condamnée à l'écartèlement, car plus un pays se porte mal, plus la monnaie unique va le tirer vers le bas. Et qu'une telle situation déclenche immanquablement des troubles sociaux et politiques graves, des forces centrifuges de plus en plus bruyantes, comme en témoignent les consultations électorales de 2011 et 2012.

C'est durant les années 2000 que cette caractéristique de l'union monétaire a eu des conséquences dévastatrices. Pour les comprendre, il faut effectuer un retour en arrière et revenir aux sources du projet d'union monétaire. L'idée de monnaie unique européenne est ancienne : ses racines remontent aux lendemains de la Première Guerre mondiale, lorsque quelques idéalistes rêvent de reconstruire le continent avec une « fédération des États-Unis d'Europe ». Le projet sera en partie repris dans les années 1920 par Aristide Briand, président du Conseil français et ministre des Affaires étrangères, et son homologue allemand Gustav Stresemann, artisans d'un rapprochement entre les deux pays qui sera couronné par un prix Nobel de la paix commun. Les deux hommes mourront l'un et l'autre au seuil des années 1930, avant la grande crise et la désarticulation du continent sous la poussée nazie.

Ce n'est qu'après le traité de Rome, signé en 1957, que l'idée est à nouveau exhumée par le petit noyau de fonctionnaires communautaires qui rêvent de faire franchir à l'intégration européenne une étape irréversible. La construction monétaire européenne se décline alors en quelques grandes étapes.

En 1969, le Conseil des chefs d'État et de gouvernement européens mandate Pierre Werner, Premier ministre du Luxembourg, pour rédiger un rapport « concernant la réalisation par étapes de l'union économique et monétaire ». Texte cristallin d'une trentaine de pages, le rapport Werner jette les bases de la construction commune. Il pointe tout d'abord l'inachèvement de l'Europe : « L'interpénétration croissante des économies a entraîné l'affaiblissement de l'autonomie des politiques conjoncturelles nationales », explique le Luxembourgeois, qui tire argument des déséquilibres créés par le traité de Rome pour préconiser la « convertibilité totale et irréversible des monnaies », voire l'introduction d'une monnaie communautaire unique, solution préférable car elle « affirmerait l'irréversibilité de l'entreprise ». L'objectif était d'arriver à l'union en 1980.

L'aventure connaît alors le destin classique des entreprises européennes : embrassades et vibrantes déclarations lors du Conseil qui l'entérine, bientôt suivies d'une longue période où alternent les empoignades et les phases de sommeil profond. Dix ans plus tard, pourtant, c'est la deuxième étape : le 13 mars 1979, les Douze créent le Système monétaire européen, le SME, qui borne étroitement les fluctuations des devises sur le marché des changes, à charge pour les banques centrales de vendre ou d'acheter telle ou telle monnaie afin de stabiliser sa valeur au plus près du « cours-pivot », le cours de référence. Parallèlement, on crée l'ECU, l'European Currency Unit, une monnaie fictive. L'écu est un « panier » où chaque devise européenne compte à proportion du poids relatif de son pays dans l'économie du vieux continent. Sur le plan symbolique, la monnaie européenne est née.

Le SME remplit l'objectif qu'on lui avait assigné : une certaine stabilité monétaire apaise le continent et l'inflation est davantage sous contrôle dans les pays d'Europe du Sud. Mais le SME ne garantit pas la stabilité totale, car il autorise les dévaluations, désormais rebaptisées « réajustements du cours-pivot ». La France use et abuse de cet euphémisme pour rétablir sa compétitivité déficiente vis-à-vis du Deutsche Mark et d'une Allemagne qui monte en puissance. De 1969 à 1979, le franc avait perdu 34 % de sa valeur face au mark. Dans la décennie suivante, il se dégrade encore de 30 %. Il dévaluera pour la dernière fois en 1987, sous la cohabitation – en réalité, il s'agira alors d'une légère réévaluation du Deutsche Mark face à toutes les monnaies européennes.

Emportée par l'euphorie des années 1980, l'Europe prépare et signe l'Acte unique en décembre 1985. Il s'agit de mettre en œuvre les « Quatre

Libertés » : circulation sans entrave pour les hommes, les marchandises, les services et les capitaux. Cette modification du traité de Rome jette les bases du marché unique à constituer pour le 1er janvier 1993. Jacques Delors, alors président de la Commission européenne, avait eu le génie de trouver un objectif simple et intelligible par tous, associé à une date, qui était devenu le programme d'action de tout un continent : supprimer les frontières.

L'idée était d'autant plus brillante qu'elle avait permis un « accord d'arrière-pensée » entre les gouvernements, comme le disait le Premier ministre britannique d'alors, Margaret Thatcher. Les partisans d'une Europe limitée à la zone de libre-échange, Thatcher au premier chef, voyaient dans le marché unique le triomphe de leurs idées. Quant aux fédéralistes, ils se félicitaient d'une nouvelle étape de l'intégration qu'ils appelaient de leurs vœux. Les liens économiques n'étaient pour eux que le prélude à une union toujours plus étroite, selon les mots mêmes du traité de Rome. Après tout, l'Europe n'avait-elle pas progressé depuis la guerre grâce à ces mouvements subreptices, à ces effets cliquet qui nous projetaient immanquablement vers l'étape d'après ? Avançons masqués : telle a toujours été la devise des partisans de l'Europe fédérale qui, dans leurs rares moments de lucidité, redoutent l'incompréhension des peuples.

Le marché unique pose bien sûr exactement les mêmes difficultés que le traité de Rome : deux niveaux de décision économique coexistent, l'Europe et la nation. Au mieux, les initiatives de l'une sont redondantes avec celles que prend l'autre. Au pis, elles sont contradictoires. Et avec plusieurs monnaies subsiste le risque de « dévaluations compétitives », car le SME n'interdit pas le recours à l'arme monétaire au sein même de l'Europe.

En avril 1989, troisième étape, Jacques Delors rend à son tour un rapport sur l'union monétaire, qui s'inspire largement de son prédécesseur Werner. Le marché unique « exigera une coordination plus efficace de la politique économique entre les différentes autorités nationales ». Quant à l'union monétaire envisagée, elle « représente un bond en avant qui pourrait assurer une amélioration sensible de la prospérité économique dans la Communauté ». Jacques Delors, avec sa lucidité et sa fine connaissance de l'économie européenne, détaille non seulement le volet monétaire du projet, mais aussi sa composante économique et budgétaire, en expliquant point par point pourquoi il faut mutualiser les politiques économiques. Il décrit ensuite les trois phases qui doivent s'échelonner pour réussir. Le président de la Commission recommande de débuter la première de ces étapes en 1990, avec la libération totale des capitaux. Ce texte reste, vingt ans plus tard, un modèle de bon sens et de profondeur.

Quelques jours plus tard, un événement inattendu survient en Europe. Une vraie surprise. En mai 1989, la Hongrie, sous la férule soviétique, sectionne les barbelés qui la séparent du monde libre et autorise la circulation de ses ressortissants : c'est la première brèche dans le rideau de fer. L'événement va bouleverser la géopolitique mondiale et l'économie du continent. Le mur de Berlin tombe peu après, le 9 novembre. Avec lui s'effondre l'ordre issu de la Seconde Guerre mondiale, qui avait coupé en deux l'Europe et l'Allemagne. Alors que le continent fête encore cet événement tout à la fois bouleversant et étrangement paisible, les dirigeants européens évoquent avec précaution ce qui semble désormais possible : la réunification allemande. Les plus audacieux l'envisagent pour les décennies qui viennent, car un lourd tabou subsiste : une Allemagne réunifiée ne va-t-elle pas menacer la stabilité et la paix sur le continent ? Les plus prudents se réfugient derrière la phrase fameuse de François Mauriac : « J'aime tellement l'Allemagne que je suis content qu'il y en ait deux. » Dès le mois de décembre, pourtant, le chancelier allemand Helmut Kohl – « Minus Kanzler », comme l'appelle méchamment la presse allemande, le chancelier minus – propose un plan pour la réunification allemande en dix points. Et l'histoire s'emballe. Six mois plus tard, le Deutsche Mark est introduit dans l'ex-Allemagne de l'Est.

Jamais l'union monétaire ne se serait faite si l'Europe n'avait pas disposé d'un levier aussi important sur l'Allemagne. L'Europe, et le président François Mitterrand au premier chef, a échangé son consentement à la réunification contre la promesse allemande de s'engager dans l'union monétaire, prélude à une intégration politique du continent. Il n'y a pas eu un mariage, mais deux : celui des deux Allemagnes, et celui des douze Européens. Les deux contrats se préparent. Le traité sur l'unification allemande est signé le 31 août 1990.

La réunification déstabilise complètement l'économie allemande. Le pays est contraint de déverser des centaines de milliards de marks sur les « nouveaux Länder » pour les reconstruire de fond en comble et subvenir aux besoins de leurs 16 millions d'habitants, au chômage et désargentés. L'opération, d'une ampleur sans précédent, provoque une surchauffe considérable de l'appareil de production. La Bundesbank, la banque centrale allemande, obsédée par la crainte de l'inflation, remonte alors drastiquement ses taux d'intérêt pour lutter contre l'emballement de l'économie et prévenir le désastre imaginaire qu'elle redoute. En 1991 et 1992, elle portera ses taux à près de 10 % l'an, pour contrer l'effet des transferts massifs que déclenche le gouvernement. La Bundesbank entraîne toute l'Europe dans le mouvement. Comme le mark est la devise la plus forte au sein du SME et désormais la mieux rémunérée, les investisseurs l'achètent massivement. Et les autres Européens, pour défendre le cours-pivot de leurs devises dans le SME, sont contraints de relever aussi leurs taux d'intérêt, alors qu'ils ne connaissent pas, eux, de surchauffe. Ils subissent les dégâts collatéraux de la réunification sans en avoir les bénéfices… En 1990, les taux d'intérêt français dépassent 10 %, l'Italie est à 12 % et l'Espagne à 15 %. Toute l'Europe plonge dans la récession.

À l'heure du SME, c'est en réalité la Bundesbank qui décide, seule et à partir des seules contraintes de l'Allemagne, de la politique monétaire sur tout le continent. La rigueur monétaire allemande provoque une violente contraction de l'activité en Europe et une crise monétaire qui contraint la livre sterling, la peseta espagnole et la lire italienne à sortir du SME en 1992, boutées par la spéculation. Une nouvelle fois, l'Europe bute sur les inconvénients de la solution intermédiaire qu'elle a choisie pour son intégration : sauf miracle, il n'est pas possible d'être vierge et enceinte à la fois.

La prise de conscience de ce déséquilibre en faveur de l'Allemagne va relancer le projet d'union monétaire. Reprendre le pouvoir à l'Allemagne en le collectivisant, c'est la solution évidente. Plutôt qu'une banque centrale teutonne qui ne considère que les intérêts teutons, les Européens projettent de mettre sur pied une banque centrale européenne avec un collège, où les décisions seraient prises grâce à un vote, pour soumettre les Allemands à la volonté commune. La réunification a offert la fenêtre stratégique pour arracher un consentement au monstre allemand, et les conséquences économiques désagréables de l'événement ont décidé les pays voisins à se liguer pour lui voler sa prérogative monétaire. Le 7 février 1992, les chefs d'État et de gouvernement signent le fameux traité de Maastricht, qui sera ratifié par la France en septembre avec un référendum gagné de justesse.

L'Europe connaît ensuite plusieurs années de croissance laborieuse dévouées à la « convergence » budgétaire. Pénible exercice de jeûne, afin de remettre les comptes publics dans un ordre précaire. La monnaie unique est prévue initialement pour 1997, puis retardée car ni la France ni l'Allemagne ne respectent les fameux « critères » de Maastricht, ces objectifs chiffrés en matière de finances publiques et d'inflation. Au 1er janvier 1999, le processus démarre enfin : les taux de change sont fixés

« irrévocablement » et la banque centrale est mise en place. Les monnaies nationales subsistent trois années durant, mais elles ne sont plus qu'autant d'expressions de la devise européenne, désormais baptisée « euro ».

In extremis, le Conseil accepte de prendre un ultime passager dans le bateau, bien qu'il ne soit manifestement pas prêt pour la discipline commune : la Grèce. Après tout, comme le fait remarquer Valéry Giscard d'Estaing, l'un des « pères » du SME, la démocratie elle-même n'a-t-elle pas été inventée à Athènes ? Exclure la Grèce de l'aventure, ce serait renier les origines de l'Europe. Et l'on n'est pas à quelques points de pib de déficit près.

Dans la nuit du 31 décembre 2001 au 1er janvier 2002, les habitants de l'eurozone peuvent retirer les premiers billets de monnaie fiduciaire. Billets étranges, de couleur lavasse, où figurent des ponts qui n'existent nulle part et des églises qui n'ont jamais été construites. Pas question de représenter un quelconque monument réel, de peur de froisser les susceptibilités nationales des pays dont les chefs-d'œuvre n'auraient pas été retenus. Dès le début, l'euro a un problème avec la réalité.

Un phénomène capital intervient alors, dès le lancement de l'union monétaire : les primes de risque sur les pays d'Europe du Sud disparaissent. En principe, un pays emprunte à un taux d'intérêt qui correspond à sa réputation. Ces taux d'intérêt à long terme, déterminés par le rapport de forces entre les prêteurs et l'emprunteur, exactement comme le prix du melon sur le marché, reflètent l'histoire du pays – a-t-il l'habitude de rembourser ? – et sa gestion des finances publiques – est-il souvent en déficit ? Le taux d'intérêt est donc une sorte de note, très importante puisqu'elle détermine le prix de la dette, c'est-à-dire la part des ressources fiscales qu'il faut consacrer, dans le budget national, à la rémunération des prêteurs.

Traditionnellement, c'est l'Allemagne qui obtient les taux d'intérêt les plus faibles dans la Communauté européenne. La rigueur paie, tout comme l'obsession allemande pour contenir l'inflation, qui représente le mal absolu pour un prêteur puisque la hausse des prix dévalue sa créance. Lorsqu'un investisseur prête dans une devise comme le mark, qui s'apprécie sans cesse face aux autres, qui n'est pas érodée par l'inflation et qui appartient à un pays rigoureux dans la tenue de ses comptes, il est enclin à faire un prix intéressant. La hiérarchie des réputations s'établit donc par rapport à celle de l'Allemagne.

En 1997, l'Allemagne emprunte à 5,7 %, l'Espagne à 6,4 %, l'Italie à 6,9 %, et la Grèce à 9,9 %. En gros, le prix de la dette en Europe varie de un à deux, selon la qualité de l'emprunteur. Dès la première année de l'union monétaire, en 2000, cette hiérarchie s'écrase : quand l'Allemagne paie 5,3 %, l'Italie n'est plus qu'à un cheveu, à 5,6 %, et la Grèce à 6,1 % seulement. Et, peu à peu, les différences s'amenuisent encore, au point de disparaître quasiment en 2005. Cette année-là, Berlin s'endette à 3,4 % par an, et Athènes à 3,6 % ! Au fil des premières années, les investisseurs se convainquent progressivement que l'euro est aussi sûr que feu le Deutsche Mark. Et que les buveurs de vin, au sud de l'Europe, sont devenus aussi sérieux que les buveurs de bière, au nord. Sans avoir consenti tous les efforts nécessaires, les cigales profitent des taux d'intérêt des fourmis…

Les « eurobonds », présentés aujourd'hui à tort comme la solution à la crise, se sont mis en place de façon silencieuse et informelle, durant les premières années de l'union monétaire, à cause de la cécité des marchés financiers. Formidable cadeau fait à l'Europe de l'intempérance budgétaire, celle des Méridionaux. Celle-ci aurait pu en profiter pour assainir ses finances publiques, travailler sa compétitivité, développer son système éducatif, encourager l'innovation. Elle a au contraire distribué des avantages sociaux indus en Grèce, et financé la plus grosse bulle spéculative de l'histoire moderne en Espagne et en Irlande. Gâchis, prévarication, corruption, intempérance toujours. Les cigales ont obtenu la caution des fourmis pour jeter l'argent par les fenêtres.

Comment une telle aberration a-t-elle été possible ? D'abord à cause de la stupidité collective des investisseurs. Depuis toujours, les marchés financiers sont déterminés par les deux émotions principales de la psychologie collective, la peur de perdre et le désir de gagner davantage, qui alternent. L'union monétaire intervient à un moment d'aveuglement mondial comme il n'en existe qu'un ou deux par siècle. La chute du Mur, en 1989, la disparition de la menace communiste, la progression de la démocratie et de l'économie de marché sur tous les continents, l'essor de la mondialisation, l'extraordinaire liberté de mouvement offerte aux capitaux, une puissante vague d'innovation avec l'apparition de l'internet et des communications mobiles, tout cela perturbe l'entendement des économistes, des investisseurs, de la presse économique, des décideurs politiques. Le risque a disparu et la croissance pourrait être désormais perpétuelle, entend-on dans les cercles académiques les plus réputés. C'est la théorie de la « nouvelle ère », décalque littéral des billevesées qui avaient fleuri dans les années 1920, juste avant le grand krach. D'éminents experts expliquent que la productivité mondiale a bondi, grâce aux nouvelles technologies et à la déréglementation. Les marchés financiers suivent et achètent du papier sans limite. Des actions de sociétés fantoches qui n'ont pas de clients, des obligations d'États impécunieux qui gaspillent les ressources publiques, des titres de dette finançant des opérations spéculatives dans l'immobilier. Le monde entier se précipite sans retenue dans les délices dangereuses de l'endettement excessif et, à l'époque, impuni.

Le seul fait de vérifier les comptes du gouvernement grec sur n'importe quelle base de données publiques aurait permis de dessiller les yeux des investisseurs. En 2006, la Grèce connaît une croissance de 5,5 % et enregistre malgré cela un déficit officiel de 6 % du pib, alors que, avec une telle conjoncture, la progression spontanée des recettes fiscales aurait dû se traduire par un excédent budgétaire. Une aberration, qui signale que l'argent fuit à tous les étages, massivement. Bien sûr, dans ces périodes d'illusion, il vaut mieux, pour un investisseur, avoir tort avec tous les autres qu'avoir raison tout seul. Celui qui aurait ignoré la vague mondiale de spéculation n'aurait réalisé que de très médiocres performances financières, ratant les occasions d'acheter à prix très élevé pour revendre encore plus cher à plus fou que soi. L'investisseur rationnel ne gagne sa vie qu'au moment du retournement, lorsque la peur de perdre l'emporte sur le désir d'accumuler. Cela n'arrivera qu'en 2007.

Mais, de 2000 à 2007, c'est la fête, à peine interrompue par les attentats du 11 septembre 2001 et la courte récession qui les suit. Après ces attentats,

Alan Greenspan inonde la planète de liquidités en abaissant les taux d'intérêt du dollar, et la Banque centrale européenne fait la même chose pour soutenir la conjoncture, en particulier en Allemagne, qui subit un coup de mou à cause des suites de la réunification. Encore une fois, le thermostat du climatiseur collectif est installé à Berlin.

À compter de 2003, la folie de l'endettement connaît ses dérives les plus graves. À l'ouest de l'Atlantique, c'est la mécanique fatale des *subprimes* : les banques prêtent à des ménages insolvables de quoi acheter des logements à des prix considérablement surévalués. Comme elles revendent ces créances douteuses sur les marchés immédiatement après, elles ne prennent aucune garantie et n'accordent aucune attention aux ressources du bénéficiaire du prêt. Celui-ci, de son côté, sait bien qu'il ne pourra pas rembourser, mais il n'en a cure, car il est convaincu qu'il revendra son logement deux ans plus tard, avec une confortable plus-value. La déresponsabilisation est générale.

De notre côté de l'Atlantique, c'est au moins aussi grave. En Espagne, les prix de l'immobilier doublent sur la décennie, à cause de la baisse des taux d'intérêt que provoque l'euro. En Irlande, ils triplent. Le taux d'endettement des ménages double par rapport à leurs revenus. La presse européenne célèbre, à longueur de colonnes, le

« modèle espagnol », qui n'est qu'une gigantesque opération de promotion immobilière sur laquelle se rémunèrent des banques cupides, celles du secteur privé, ou dramatiquement incompétentes, celles du secteur mutualiste, les caisses d'épargne, qui rachètent en bout de chaîne tous les prêts pourris disponibles. La presse, lorsqu'elle en a fini avec l'Espagne, exalte les vertus du « Tigre celtique », l'Irlande, dont le niveau de vie par habitant est désormais le plus élevé d'Europe. Les banques irlandaises, à force de monter des opérations financières périlleuses, ont un bilan huit fois supérieur au pib annuel du pays. Plus au nord, l'Islande, une petite île de 300 000 habitants, fait encore plus fort, avec des banques dont le bilan vaut trente fois le pib annuel. Un vrai casino. L'Islande sera le premier pays à exploser lors du retournement.

En France, l'immobilier progresse, et avec lui l'endettement des ménages, qui double en proportion du revenu. C'est le gouvernement Jospin qui est à la manœuvre, et il profite du calme incroyable dans le ciel de la finance mondiale pour dépenser davantage, s'endetter davantage, créer de nouveaux droits fictifs – l'habituelle ritournelle, qui est française avant d'être socialiste. En 2000, malgré une conjoncture éblouissante, la France est toujours en déficit ! Le débat qui agite le microcosme est l'utilisation de la « cagnotte », le surplus de recettes fiscales que produit la croissance, alors que les comptes du budget sont toujours dans le rouge. La gauche au pouvoir profite des taux d'intérêt très bas pour financer les 35 heures par allégements de charges, c'est-à-dire par le déficit public. Ce n'est pas la Grèce, mais ce n'est pas très reluisant.

En réalité, chacun des joyeux membres de la zone euro a profité de cette conjoncture éblouissante pour suivre sa pente naturelle. Les Espagnols ont construit des cimenteries et des villes fantômes, les Français ont réduit le temps de travail, les Grecs ont distribué les avantages sociaux. Comme dans le conte pour enfants où le héros peut faire un seul vœu, les Européens gaspillent le bénéfice de ces « eurobonds » avant la lettre. Et, pendant ce temps-là, les Allemands travaillent. Eux aussi profitent, indirectement, de cette situation aberrante. Ils vendent des BMW aux Grecs qui s'endettent avec de l'argent qu'ils ne rembourseront pas. Et leurs banques régionales, les Landesbanken, achètent sur le marché tous les produits pourris possibles, appâtées par les promesses de rémunérations élevées. Tous les acteurs de la finance américaine le racontent aujourd'hui : quand il n'y avait plus d'acheteurs sur le marché des *subprimes* en pleine déconfiture, il restait encore les Allemands, qui mangeaient du papier douteux sans sourciller.

Parallèlement, les effets du climatiseur unique se déchaînent. La forte baisse des taux d'intérêt dont profite l'Europe du Sud stimule la croissance de ces pays, mais aussi l'inflation. Selon les chiffres de l'OCDE, de 1999, début de l'union monétaire, à 2008, début de la crise, la hausse des prix atteint 35 % en Grèce et 34 % en Espagne, alors qu'elle n'est que de 16 % en Allemagne (et de 18,5 % en France sur la même période). Les coûts du travail progressent au moins autant sur cette période, ce qui détériore la compétitivité de toute l'Europe du Sud par rapport à l'Allemagne.

Conséquence de la progression incontrôlée de la demande interne et de la baisse de compétitivité à l'export, la balance courante des pays d'Europe du Sud se dégrade considérablement. Cet indicateur est tout bonnement le solde entre les sorties de capitaux, nécessaires par exemple pour acheter à l'étranger des produits que le pays ne fabrique pas ou qu'il fabrique trop cher, et les entrées de capitaux, qui témoignent au contraire des achats faits par l'étranger à l'économie nationale. En bonne logique, le solde doit être équilibré sur longue période, si la compétitivité est acceptable. S'il est en déficit durable, la monnaie a tendance à se déprécier, ce qui rééquilibre mécaniquement les comptes, puisque cela renchérit les importations et favorise les exportations.

La Grèce entre dans l'euro avec un solde passablement dégradé, à –7,8 % du pib en 1999. En 2008, le trou aura doublé, à 14,7 % du pib. L'Espagne entre avec un déficit de 2,9 % qui atteindra 9,6 % en 2008... Même la France voit ses comptes extérieurs se troubler. Au seuil de l'union monétaire, elle enregistre un excédent de 3,2 % du pib, converti neuf ans plus tard en déficit de 1,7 %.

L'Europe du Nord connaît une tout autre situation. Les Pays-Bas passent d'un excédent de 4,1 % à un excédent de... 4,2 %. La Finlande conserve elle aussi un excédent significatif. Quant à l'Allemagne, elle rétablit ses comptes de façon spectaculaire. En 1999, elle enregistre un léger déficit, à cause de la réunification et du boom extraordinaire de la demande que déclenche la plus grosse OPA de l'histoire. Tous les citoyens des nouveaux Länder s'équipent en voitures et en machines à laver. Sur le plan macroéconomique, cela se traduit par des comptes à – 1,4 %. Dix ans plus tard, au seuil de la crise, l'Allemagne dégage un colossal excédent, à 6,2 % du pib.

Personne ne prend garde à cette divergence au sein même de la zone. Plus grave, on entend les responsables économiques expliquer que les déficits extérieurs n'ont plus aucune importance, puisque tous les pays partagent la même monnaie, et ne peuvent donc plus subir ni crises monétaires ni dévaluations. C'est une erreur : ces déséquilibres n'étaient supportables que grâce à l'aveuglement des investisseurs, qui consentaient à prêter à des taux anormalement bas, à cause de l'optimisme universel qui régnait alors. En clair, le prix de ces déséquilibres a été l'extraordinaire croissance de l'endettement, public dans certains pays, privé dans d'autres, financé par l'insouciance des investisseurs. En apparence, rien ne se passait : la croissance était soutenue, le chômage baissait, dans certains pays la dette publique diminuait même, dissimulant l'envolée de la dette des ménages et des entreprises. En réalité, le ressort de la crise financière était en train de se tendre. Silencieusement. Inexorablement.

Il s'est d'autant plus tendu que les régulateurs de conjoncture ne fonctionnaient plus, à cause de l'union monétaire. La dévaluation ? Interdite, alors qu'elle aurait permis de restaurer instantanément les comptes extérieurs et la compétitivité. Au prix d'une chute du niveau de vie et d'un appauvrissement temporaire, certes. Mais mieux vaut cela qu'une croissance artificielle, nourrie par une dette excessive, qui déclenche immanquablement une récession très forte. La hausse des taux d'intérêt pour toute la zone, afin de dissuader le recours à l'endettement ? Impossible, car la conjoncture allemande subit le contrecoup de la réunification, à compter du début des années

2000. Pas question de pénaliser l'économie la plus importante de la zone. Même les systèmes d'alarme ne fonctionnent plus. Avant l'euro, du temps du Système monétaire européen, la persistance de déséquilibres aussi graves finissait par provoquer une crise monétaire. Les « spéculateurs » avaient leur vertu, rappelant tout le monde à l'ordre en vendant massivement les monnaies de pays mal gérés. En 1992, ils avaient ainsi contraint la livre sterling britannique, la peseta espagnole et la lire italienne à la dévaluation. Les voici muselés avec l'euro, puisqu'il n'existe plus qu'une seule monnaie : on a mis un chiffon sur la sonnerie de l'alarme.

Pendant une décennie, l'union monétaire a créé insensiblement les conditions d'une des plus grosses catastrophes financières de l'histoire du continent. C'est la politique unique qui a aggravé les divergences de compétitivité et abaissé les freins à l'endettement. Ces deux facteurs ont provoqué, mécaniquement, la crise de la dette, qui n'est que la résultante des déséquilibres, et non pas leur cause. Lorsque le nord de l'Europe incrimine le sud pour avoir trop dépensé, il y a là une part d'injustice. Le reproche vaut à l'évidence pour la Grèce, qui a jeté l'argent par les fenêtres et dissimulé la réalité de ses comptes désastreux. Mais il est injuste pour l'Espagne, qui a engrangé des excédents budgétaires et réduit sa dette publique de façon spectaculaire avant la crise. La dérive macroéconomique silencieuse qu'elle a connue provient en large part de l'engrenage européen lui-même, et de la période de négligence vis-à-vis du risque, tout à fait inhabituelle, qu'a traversée le monde à cette époque. S'il y a eu « surprise », c'est dans la concomitance des deux événements : la naissance de l'union monétaire et l'étape finale d'un long cycle libéral qui s'achève, comme toujours, dans un krach retentissant. L'union monétaire européenne a exalté les effets de la déréglementation financière.

Probablement la dérive libérale est-elle l'élément essentiel. N'a-t-elle pas produit, de part et d'autre de l'Atlantique, un même phénomène, une explosion de l'endettement ? Chacune des deux rives de l'océan en a développé une version locale. En Amérique, c'était la folie de la titrisation et des *subprimes*, qui creuse un trou de plusieurs centaines de milliards de dollars dans le bilan des banques. En Europe, la crise de l'euro, qui a coûté jusqu'ici quelque mille milliards d'euros d'aide aux États en déconfiture… Dans les deux cas, la plus vieille spéculation du monde, celle qui porte sur l'immobilier, a joué un rôle central. Dans les deux cas, les hommes ont pensé un temps s'affranchir des plus vieilles lois de la finance, qui sont aussi celles du bon sens : les pertes sont toujours proportionnelles au risque qu'on prend. Sans doute faudrait-il dire dans les trois cas, car les pays émergents, et la Chine en particulier, connaissent aussi ces débordements incroyables, qui se termineront aussi par un krach immobilier et bancaire, et l'affaissement des finances publiques appelées à la rescousse.

C'est en Amérique que le krach commence, en mars 2007, avec quelques secousses sur les marchés financiers. Le krach s'amplifie jusqu'à la faillite de Lehman Brothers, le 15 septembre 2008. L'Europe, même si elle redoute les conséquences de la chute de la banque d'affaires new-yorkaise sur les marchés du crédit, s'estime victime d'un problème où elle n'a aucune responsabilité. La crise est *made in America*, pense-t-on à Paris et à Berlin, c'est l'imprudence des banquiers « anglo-saxons » qui a conduit le monde développé au bord du précipice.

Le choc de Lehman diffuse une onde d'inquiétude sur la planète entière, qui abat instantanément la production industrielle et les échanges internationaux de biens. Parfaitement synchronisées par une information mondiale, l'Asie, l'Amérique et l'Europe plongent au même rythme, plus brutal qu'au lendemain du krach de 1929 : dans les secteurs de la mécanique, la chute d'activité dépasse les 30 %. Du jamais vu depuis l'entre-deux-guerres. L'administration Bush junior, en fin de mandat, peine à trouver une réponse aux difficultés qui frappent les banques l'une après l'autre. En France, Nicolas Sarkozy évoque à Toulon, fin septembre, des « circonstances exceptionnelles » et une « crise de confiance sans précédent », dans un discours clairvoyant rédigé par sa « plume », Henri Guaino.

L'inquiétude mondiale provoque une réaction mondiale. En novembre, les trois grandes zones de la planète décident de plans de relance, chacun des trois libellé en centaines de milliards de dollars. Cela ne suffira pas à éviter la récession la plus grave de l'après-guerre, sur l'année 2009. L'Allemagne, la plus exposée aux courants internationaux, voit son pib chuter de 5 %. Le commerce mondial s'effondre de 15 %. Du jamais vu depuis 1945. Les recettes fiscales s'écroulent, les déficits se creusent, atteignant entre 5 et 10 % du pib dans la plupart des États européens.

Mais la planète évite la glissade dans la dépression : à la mi-2009, de fragiles pousses vertes apparaissent sur la terre desséchée par la récession mondiale. Une reprise ? C'est que ce que l'on croit alors. La coordination internationale a vaincu le monstre, répète-t-on de part et d'autre de l'Atlantique.

La tranquillité ne dure pas. Le 4 octobre 2009, le parti socialiste accède au pouvoir en Grèce, à la suite des élections législatives. Le nouveau Premier ministre, Georges Papandréou, ouvre les placards vermoulus laissés par son prédécesseur. Il découvre que les comptes ont été truqués : le déficit réel du pays atteint plus de 12 % du pib pour l'année 2009. Onze jours après son élection, ce grand échalas gauche et faussement timide renonce à son programme. Et il précipite son pays dans une violente cure de rigueur. La crise européenne a commencé.

CHAPITRE 2

La cage aux hamsters

Le petit groupe de journalistes a été convié de bon matin, dans l'un de ces hôtels confortables qui jalonnent la grande rue de Davos que les habitants appellent Promenade. *Wall Street Journal*, *Financial Times*, Reuters, les grands médias anglo-saxons financiers sont représentés par leurs envoyés spéciaux pour rencontrer un curieux personnage qui s'exprime d'une voix tellement faible qu'elle en devient inintelligible : le nouveau Premier ministre grec, Georges Papandréou. Ce 29 janvier 2010, Papandréou passe par de brefs instants d'absence, le regard flottant lorsque les questions se pressent sur la stratégie financière qu'il entend conduire pour sortir son pays de l'ornière. Il est flanqué d'un petit homme rondouillard qui n'a pas quarante ans, Georges Papaconstantinou, le ministre des Finances, comme lui l'un de ces membres de l'élite grecque formée à l'étranger et parfaitement polyglotte.

Les deux hommes ont fait le voyage dans la petite station des Alpes suisses pour se présenter à la communauté financière internationale et tenter de la rassurer. Tous les ans à la même époque, pendant la dernière semaine de janvier, de deux à trois mille grands patrons, banquiers, économistes et responsables politiques du monde entier se retrouvent en effet à Davos pour prendre le pouls de l'économie mondiale et conjecturer sur son avenir. Cette année-là, le pire de la récession est passé et l'on voit renaître l'activité et le commerce international. Pendant longtemps, Davos a accueilli dans ses nombreux sanatoriums les malades relevant de graves affections. En janvier 2010, c'est l'économie mondiale qui est convalescente.

Les deux Grecs racontent l'incroyable situation qu'ils ont découverte en arrivant au pouvoir : fraudes massives, endettement galopant, incapacité à collecter l'impôt. Pendant plusieurs années, le gouvernement qui les a précédés a dissimulé la réalité des comptes publics, en mentant délibérément à Bruxelles. Il s'agissait d'éviter les sanctions financières que prévoit le traité de Maastricht à l'encontre des pays trop dépensiers... Le gouvernement du parti conservateur a floué ses partenaires en distribuant prébendes et largesses financées à crédit. Du brigandage.

Interrogés sur la politique qu'ils comptent mettre en œuvre, les deux responsables sortent le manuel du bon élève du FMI : discipline dans la dépense, augmentation des impôts, rétablissement de la compétitivité. Peu à peu, c'est le ministre des Finances qui prend l'ascendant sur le Premier ministre et répond à toutes les questions avec assurance. Aurez-vous besoin d'une aide financière internationale ? Ce ne sera pas nécessaire. Comment rembourser une telle dette ? La Grèce tiendra ses engagements. L'incapacité chronique à collecter l'impôt ? Nous allons recruter des gens compétents et patriotes. La sortie de l'euro ? Question absurde, explique avec autorité le ministre formé aux États-Unis : en sortant de l'union monétaire, la Grèce retrouverait exactement les mêmes problèmes qu'avant, mais en plus grave.

Pour avoir été dans l'une des meilleures universités américaines, le jeune ministre des Finances n'en dit pas moins des âneries. C'est bien sûr l'euro qui a, sinon créé le problème grec, du moins aggravé considérablement la situation. Il y a, à Athènes, une longue tradition d'impéritie de l'État, particulièrement en matière budgétaire. Au milieu du XIXe siècle déjà, le pays a été le premier à quitter l'union monétaire latine, avec l'Italie, parce qu'il avait outrageusement battu monnaie aux dépens de ses partenaires, en fabriquant des pièces qui ne contenaient pas le poids d'or affiché. Cette tradition a profité avec délices de l'euro, qui a offert une nouvelle occasion de jouer les passagers clandestins. Une fois de plus, la Grèce a fabriqué de la monnaie qui n'avait pas la valeur requise – en réalité, elle s'est endettée avec la garantie implicite de ses partenaires alors qu'elle ne peut pas rembourser.

Athènes réévalue son déficit pour l'année 2010 à la lumière des découvertes faites par la nouvelle équipe : il devrait dépasser 12 % du pib, le double de ce qui était prévu par l'ancienne majorité. Pendant plusieurs années, le trou budgétaire du pays a été sous-estimé de 2 % du pib par an, c'est-à-dire de plusieurs milliards d'euros… Ces manœuvres ont été effectuées par les Grecs eux-mêmes, avec l'aide de l'une des premières banques d'affaires américaines, Goldman Sachs, qui avait aussi été très active sur les *subprimes* aux États-Unis. Virtuoses du virtuel, les banquiers de Goldman ont inventé une technique pour différer le paiement de la dette et échapper à la censure européenne. Non seulement la Grèce a profité de l'incroyable météorologie financière qui fait se rejoindre tous les taux d'intérêt européens autour de ceux de l'Allemagne, mais elle s'est affranchie des obligations les plus élémentaires de la discipline commune.

En rentrant de Davos, le nouveau gouvernement prend de nouvelles mesures d'austérité, comme le gel des salaires publics, des coupes dans les dépenses de l'État et des hausses d'impôts. Et il annonce un objectif : réduire le déficit public à 2,8 % du pib en 2012. Ambition totalement irréaliste qui ne convainc personne. Ni les marchés financiers, qui sont déchaînés et font littéralement exploser les taux d'intérêt en vendant les titres grecs dont ils disposent. Ni les agences de notation, qui dégradent tour à tour la « note souveraine » de la Grèce, c'est-à-dire le risque financier lorsqu'on prête à l'État. Et pas davantage les Grecs eux-mêmes, qui défilent dans les rues et multiplient les grèves.

En quelques semaines, Papandréou perd le contrôle de son propre pays et se trouve contraint de demander l'assistance financière de ses partenaires européens. Ceux-ci font comme d'habitude : ils tergiversent, ils conjecturent, ils multiplient les rencontres et les sommets. Angela Merkel, la chancelière fédérale allemande, refuse toute aide financière au motif que les Grecs doivent assumer les conséquences de leurs dépenses excessives et de leurs mensonges. Elle est soutenue par sa majorité parlementaire et par le grand quotidien populaire *Bild*, qui multiplie les articles sanglants sur les paresseux de l'Europe méridionale. Pour justifier son intransigeance, elle s'appuie sur le traité de

Maastricht, dans lequel figure une clause de *no bail-out*, introduite vingt ans plus tôt à la demande des Allemands : un État sur la paille n'a pas le droit de solliciter son renflouement auprès de ses partenaires. Les négociateurs teutons avaient bien prévu le coup, redoutant déjà les libertés que certains prendraient avec leur budget.

Papandréou menace alors de faire appel au Fonds monétaire international, dernier guichet pour les États impécunieux, jusqu'ici plutôt fréquenté par les pays d'Afrique, d'Amérique du Sud ou d'Asie. Humiliation suprême pour la zone euro : elle se trouverait incapable de régler ses propres problèmes ! Jean-Claude Trichet, le président de la Banque centrale européenne, récuse cette solution : l'euro doit faire face seul à ses problèmes, c'est une question de crédibilité internationale.

Peine perdue. Les Européens doivent se rendre à l'évidence. Ils sont incapables de s'organiser. D'abord parce qu'ils sont nombreux, et en désaccord. Ensuite parce qu'ils n'ont pas l'expertise. Il faut littéralement mettre Athènes sous tutelle, en imposant de nouvelles mesures d'austérité, en collectant les impôts, en surveillant l'exécution du plan, en contrepartie d'une aide importante, car le pays n'a plus accès aux marchés financiers à cause du niveau prohibitif des taux d'intérêt que lui infligent les prêteurs.

Le directeur général du FMI d'alors, Dominique Strauss-Kahn, va les tirer d'affaire et usiner un plan de sauvetage qui ressemble de près à celui que pratique le Fonds dans les autres régions du monde. Jean-Claude Trichet mange péniblement son chapeau, lui qui aurait souhaité que l'Europe répare seule le désastre. Pour la première fois depuis les années 1970, lorsqu'il avait aidé le Royaume-Uni avec une intervention exceptionnelle, le Fonds revient en Europe de l'Ouest.

Le 2 mai 2010, les Européens se mettent enfin d'accord sur le plan d'assistance à la Grèce, qui sera financé conjointement par le Fonds et les États : 110 milliards d'euros. Plus de la moitié du pib grec. En contrepartie, les bailleurs de fonds demandent à Athènes des efforts très importants : diminution du salaire des fonctionnaires, allongement de la durée de cotisation pour la retraite, hausse de la TVA, libéralisation du marché du travail et ouverture à la concurrence des secteurs protégés.

Deux ans et demi plus tard, à l'automne 2012, la situation grecque n'est pas seulement mauvaise, elle est détestable. Le pays affronte une quatrième année de récession, qui pourrait atteindre – 7 % sur 2012 seulement. Un Grec sur quatre est sans emploi ou presque, puisque le taux de chômage atteint 22,6 % de la population active – pour les jeunes, il frôle le double. Le déficit budgétaire ne s'est pas réduit pour autant : il dépassait 9 % du pib en 2011 et devrait être de même ampleur cette année. La dette du pays, loin de diminuer, a bondi de 130 % du pib en 2009 à 165 % en 2011.

Le désastre est d'autant plus spectaculaire qu'entre-temps la Grèce a eu recours une deuxième fois à l'aide européenne, en 2011, pour 130 milliards d'euros supplémentaires. Elle a parallèlement obtenu le droit d'effacer quelque 100 milliards d'euros de sa dette publique – une sorte de faillite partielle, là encore la première en Europe occidentale depuis la guerre. Dans le même temps, elle a bénéficié des facilités de prêts internationaux que se consentent les banques centrales, de façon à stabiliser un système bancaire moribond, pour plusieurs dizaines de milliards d'euros au bas mot. Au total, l'aide internationale promise à la Grèce depuis le déclenchement de la crise approche 500 milliards d'euros, soit deux ans et demi de pib. Une aide équivalente fournie à la France pèserait pour 5 000 milliards d'euros !

Élu à la mi-juin 2012, le gouvernement d'Antonis Samaras demande aujourd'hui des délais allongés pour remettre les finances publiques d'équerre. Et le nouveau Premier ministre qui lui succédera fera probablement la même chose, sollicitant un peu plus d'argent et davantage de temps : le sauvetage de la Grèce est un fiasco monumental, dont on ne trouve pas de précédent dans l'histoire. Même la crise asiatique, en 1997-1998, n'a jamais requis de tels montants. Merci l'euro. Bonjour le gouffre !

On pourrait ici mettre en cause les Grecs, leur histoire et leurs travers nationaux. Déjà en 1854 le journaliste français Edmond About, dans un livre maintes fois cité depuis, intitulé *La Grèce contemporaine*, observait : « La Grèce est le seul exemple connu d'un pays vivant en pleine banqueroute depuis le jour de sa naissance. [...] Dans le cas où les trois puissances protectrices continueraient indéfiniment à payer pour elle, la Grèce ne s'en trouverait pas beaucoup mieux. Ses dépenses ne seraient pas encore couvertes par ses ressources. »

Le terrain n'explique pourtant pas tout. C'est la conception même du plan de sauvetage qui était déficiente, parce qu'en réalité il ne s'agissait pas de sauver la Grèce, mais l'euro. Toutes ces centaines de milliards n'ont été mobilisées que pour éviter une brèche dans le dogme de l'irréversibilité de la monnaie unique : la Grèce était dans le bateau dès le départ, elle ne doit pas le quitter, a-t-on pensé en 2010, à moins de prendre le risque d'une désintégration de la zone euro.

C'était la crainte de l'effet « domino », que l'on observe très souvent dans les phénomènes où la psychologie collective est déterminante. Un événement qui se produit dans l'un des pays d'une zone intégrée déclenche une série d'événements identiques chez les voisins, par un effet de mimétisme. Cet enchaînement peut être de nature politique, comme lors de la chute des gouvernements dans l'ex-empire soviétique, en 1989, ou de celle des gouvernements arabes, en 2011 ; ou bien économique et financier, comme lors de la crise asiatique, où l'on avait vu tous les « dragons » tomber l'un après l'autre à la suite de l'effondrement de la Thaïlande, en juillet 1997.

Sur le strict plan économique, les problèmes de la Grèce sont banals et maintes fois observés : excès d'endettement et détérioration de la compétitivité. D'innombrables pays sont passés par ces dérèglements, sur tous les continents. À chaque fois, le FMI préconise sa médecine amère : « ajustement structurel ». En clair, plan de rigueur budgétaire et salariale, avec une dévaluation massive de la monnaie. En contrepartie, la communauté internationale représentée par le Fonds prête quelques milliards ou dizaines de milliards de dollars à bas taux d'intérêt, suivant la taille du pays qui est sur le flanc.

En 2009-2010, une dévaluation de la monnaie grecque aurait réglé tous les problèmes, pourvu que lui aient été associés un plan de rigueur et un prêt suffisant. La monnaie aurait vu sa valeur chuter de 50 % par rapport à celle de ses partenaires, peut-être davantage. En Asie, en 1998, on a vu le ringgit de Malaisie ou la roupie d'Indonésie, dans des contextes économiques très similaires, perdre jusqu'à 80 % de leur valeur. Dix-huit mois plus tard, les dragons avaient repris leur course éblouissante. En Europe, l'Islande, cette petite île septentrionale frappée en 2008 par la crise financière, a dévalué de moitié. Trois ans plus tard, après une très violente récession et une chute du niveau de vie, le pays a retrouvé une croissance de 2 à 3 % par an.

En bonne logique, il eût fallu faire de même en Grèce. La dépréciation de la monnaie aurait permis de reprendre les avantages acquis indûment : lorsqu'un pays dévalue, en apparence, les salaires et la dette ne changent pas, mais en réalité les deux voient leur niveau se réduire, ce qui permet de rétablir la compétitivité – avec des coûts du travail amoindris par rapport à ceux des partenaires commerciaux – et d'alléger le fardeau du passé, en escroquant partiellement les créanciers qui sont alors remboursés en monnaie de singe.

Contrairement à une idée reçue qui voudrait que la Grèce ne vende rien à l'étranger, elle exporte près du quart de son pib, à peine moins que la France. La dévaluation aurait permis de stimuler très fortement ce quart de la production nationale, au sein duquel le tourisme compte beaucoup. Une monnaie dépréciée est un anesthésiant qui permet au patient de supporter l'opération indispensable, c'est-à-dire la rigueur budgétaire. Car elle permet de substituer à la demande interne, déficiente, la demande étrangère, dynamisée par l'amélioration relative des prix de vente à l'étranger.

L'impossibilité de dévaluer est le présupposé qui asphyxie le pays, pris dans un étau d'airain : une monnaie beaucoup trop forte, des taux d'intérêt trop élevés et une dette insupportable. Du coup, la Grèce expérimente le syndrome du hamster. Elle s'épuise à faire tourner une roue dans sa cage en ayant le sentiment de parcourir des kilomètres alors qu'en réalité elle fait du sur-place. Plus elle aligne les plans d'austérité, plus sa dette augmente. Plus elle rembourse, moins elle rembourse. Comment expliquer une telle aberration ? Comme toutes les composantes de la demande sont affaiblies, y compris la demande extérieure, la récession s'approfondit. Les recettes fiscales diminuent puisque les revenus des individus et les bénéfices des sociétés s'effondrent. Le déficit budgétaire s'accroît – depuis trois ans, les prévisions de déficit sont constamment revues à la hausse. Les bailleurs de fonds exigent de nouvelles mesures d'austérité, qui ne font que creuser encore davantage la récession… C'est le cercle vicieux. Pour avoir voulu d'abord sauver l'euro, on a enterré la Grèce, sans être parvenu du reste à écarter le danger pour l'euro. Le « sauvetage » de la Grèce restera, dans les manuels d'économie des temps à venir, comme un anti-modèle, où se mêlent étroitement déni de la réalité et manœuvres dilatoires.

Peu à peu, pourtant, la réalité se fait jour. En 2011, lors du second plan d'aide, on allège le stock de la dette publique de 100 milliards sur les années qui viennent. Ce n'était qu'un début : les dettes grecques ne seront jamais réglées. Non seulement les emprunts accumulés dans les années 2000, mais aussi les centaines de milliards péniblement amassés par la collectivité européenne et jetés à la mer. Les créanciers de la Grèce sont placés devant une alternative : renoncer à leurs avoirs ou bien provoquer l'effondrement du pays qui se traduira aussi par le non-paiement des sommes dues. Les deux hypothèses se rejoignent et finiront par se confondre : la Grèce ne paiera pas. Dominique Strauss-Kahn, lors d'une des rares interviews données depuis l'épisode fatal de Manhattan, a montré une lucidité dont on aurait bien aimé qu'il témoignât plus tôt, lorsqu'il avait mis sur pied le premier plan grec, en tant que directeur général du Fonds monétaire international : « Il faut prendre ses pertes », a-t-il déclaré face à Claire Chazal, sur TF1.

Il n'y a pas d'issue avec les « trois trop » – trop de dette, des taux d'intérêt trop élevés, une monnaie trop forte. Comme on ne veut pas s'attaquer au dernier des trois – la Grèce doit rester dans l'euro, et donc ne pas dévaluer –, c'est sur les deux autres qu'il faut agir. Les plans d'aide ont réglé le second en réduisant, *de facto*, le prix de l'argent dont le pays a besoin. Reste la dette, qu'il va falloir encore alléger : le prix du maintien de la Grèce dans la zone euro, c'est l'effacement de sa dette, près de 400 milliards d'euros. Effacement peut-être pas intégral, mais substantiel.

Injuste, de récompenser la cigale méridionale avec l'argent patiemment épargné à force de travail par les fourmis du Nord ? C'est ce qu'ont dit les Allemands en 2010 : il faut punir les Grecs pour leur intempérance. D'où l'idée de leur prêter de l'argent qu'ils sont supposés rembourser, quand les temps seront plus cléments. L'Europe a fait exactement la même erreur que les Américains en septembre 2008, lors de la chute de Lehman. À l'époque, le gouvernement américain refuse de renflouer la banque pour des raisons morales – pas question d'utiliser l'argent du contribuable pour secourir une banque qui a multiplié les spéculations aventureuses ! La faillite de Lehman déclenche un krach mondial qui contraindra les États-Unis à dépenser bien davantage pour soutenir l'assureur AIG et les établissements de prêts hypothécaires Fannie Mae et Freddie Mac. Le krach aurait-il été évité si Henry Paulson, le secrétaire au Trésor, avait pris la décision de venir en aide à Lehman, au risque de mettre en fureur le Congrès ? Personne ne peut le dire avec certitude. Ce qui est avéré, c'est que l'explosion de la firme de Wall Street a déclenché une panique mondiale.

En mai 2010, également pour des raisons morales, l'Europe charge la Grèce en contrepartie de l'aide financière qu'elle apporte. Pour régler un problème de surendettement, elle crée de la dette supplémentaire. Pas besoin d'être un économiste patenté pour comprendre que la voie choisie alors est une impasse coûteuse. Le simple bon sens suffit. Lorsqu'un ménage ou une entreprise sont écrasés par des engagements excessifs, ils se présentent devant la commission de surendettement pour l'un, ou le tribunal de commerce pour l'autre. Un bon sermon, et la dette est allégée, voire annulée, le cas échéant avec des sanctions s'il y a malversations ou dissimulation. C'est la loi du capitalisme, désagréable pour les créanciers spoliés, mais nécessaire à la survie du système, car il n'y a tout simplement pas d'autre issue.

La vraie morale se moque de la morale, aurait pu dire un économiste sensé à la vue du premier plan : pour sauver vraiment l'euro, il fallait vraiment sauver la Grèce, et prendre ses pertes. Il aurait d'ailleurs ajouté que les créanciers ont quelque responsabilité dans le désastre grec. Les banques n'ont-elles pas gagné de l'argent avec le commerce des obligations ? Les industriels allemands n'ont-ils pas profité de la débauche grecque, en vendant des armes au gouvernement et des BMW aux citoyens ?

S'il faut faire la part des responsabilités, faisons-la jusqu'au bout.

Mais les Européens s'y refusent. Dès les jours qui suivent le premier plan, les marchés financiers se déchaînent. Non pas par cynisme, et pas davantage parce que les « Anglo-Saxons » veulent mettre à bas une construction monétaire qui menacerait leur suprématie, comme le croient les naïfs – malheureusement, pour faire trembler l'euro, il n'y a pas besoin de complot étranger, les Européens y suffisent. Parce qu'ils raisonnent sans nuances, ils comprennent vite que la Grèce est condamnée par les termes de l'accord : le hamster ne peut que faire tourner la roue qui le condamne à faire du sur-place.

Le deuxième plan, en 2011, corrige en partie les graves erreurs du premier, en allégeant la dette en augmentant les montants prêtés au pays de 109 milliards (dont 30 sont supposés provenir d'hypothétiques privatisations). Mais il est assorti du fameux « mémorandum », une liste impressionnante d'obligations et de sacrifices budgétaires, avec des réformes destinées à libéraliser l'économie. Là encore, la charge que l'on impose à Athènes n'est pas réaliste. Quelques jours après le communiqué final des chefs d'État et de gouvernement, la crainte reprend le dessus sur les marchés, pour une raison simple. Une fois encore, les dirigeants européens ont ignoré la réalité. Vilipendée pour sa cupidité, la « finance sans visage » est la seule à rappeler une vérité que personne ne veut entendre : malgré les sommets à répétition, la Grèce dérive lentement hors de l'euro. La finance ne cause pas les problèmes, mais les révèle.

À dire vrai, les marchés ne sont pas les seuls à percevoir la gravité de la situation. Les épargnants grecs, les habitants de la rue, sans culture financière, pensent exactement la même chose que les intervenants aux outils les plus sophistiqués : tout cela ne tiendra pas. Un jour ou l'autre, la Grèce devra sortir de l'euro et dévaluer. Si c'est le cas, les banques seront fermées, redoutent-ils, et notre épargne sera inaccessible avant d'être réduite en cendres par la dévaluation… Ils retirent donc massivement leur épargne des banques grecques.

Avant les élections de mai 2012, les retraits atteignaient plusieurs centaines de millions d'euros par jour, selon les dires mêmes du président grec, risquant de provoquer la catastrophe par un mouvement classique de panique autoréalisatrice. Ces retraits massifs ont nécessité l'intervention de la banque centrale de Grèce, aidée par ses consœurs de la zone, qui alimentaient le système bancaire en liquidités manquantes grâce au système de l'Emergency Lending Assistance (ELA). L'encours de cette facilité a atteint 200 milliards début mai 2012, à cause des retraits en Grèce et en Espagne – un montant qui s'ajoute aux prêts officiels consentis à la Grèce et porte la facture totale du sauvetage à près de 500 milliards d'euros, soit deux années et demie de « chiffre d'affaires » de l'économie grecque, avant même les nouvelles aides demandées par Athènes en août 2012.

Si les marchés et les épargnants se rejoignent ainsi, c'est qu'ils partagent non pas l'expertise, mais une qualité dont les chefs d'État ou de gouvernement et les hauts fonctionnaires qui les conseillent ne disposent que de façon intermittente : la simple logique. Ils comprennent bien que l'empilement de prêts ne peut conduire qu'à la catastrophe. Les épargnants transfèrent leurs avoirs en dehors de la zone euro, au Royaume-Uni, ou bien dans les pays dont la signature est la plus sûre et où les banques sont apparemment les plus solides : l'Allemagne, les Pays-Bas, le Luxembourg. Car détenir des euros en Grèce, c'est posséder une créance sur la banque centrale d'Athènes, ce qui n'est guère rassurant. Mieux vaut avoir son argent dans un établissement situé dans la circonscription de la Bundesbank allemande, qui se damnerait plutôt que de léser un épargnant. Les Grecs ne sont pas à un paradoxe près. Ils refusent la culture budgétaire à l'allemande, mais préfèrent mettre leur argent à l'abri en Allemagne. Oui à la rigueur quand il s'agit de mon épargne, non quand il s'agit de mes impôts.

C'était exactement le sens de leur vote du 17 juin 2012, présenté comme celui de la dernière chance : à une très courte majorité relative, les partisans du maintien dans la zone euro l'ont emporté, avec un programme simple – oui à la monnaie unique et non à la rigueur. Pourquoi pas... Le vainqueur, devenu Premier ministre au lendemain du scrutin, Antonis Samaras, n'est autre que le chef du gouvernement qui avait maquillé les comptes publics, dans les années 2000, et dépensé sans compter pour acheter les clientèles électorales dont il avait besoin ! Il emporte la mise avec moins de 30 % des suffrages exprimés, alors que l'abstention est considérable. Seul un Grec sur six a voté pour lui, mais cela suffit pour diriger le pays et tenter une nouvelle fois de faire payer les autres à la place des Grecs. Comme d'habitude. Et il n'est pas exclu qu'il y parvienne.

Entre-temps, la situation s'est considérablement détériorée dans le reste de l'Europe. Le deuxième domino à tomber est l'Irlande, à la fin de 2010. Depuis le début de la crise, les banques irlandaises luttaient pied à pied, trouvant à grand-peine le financement dont elles avaient besoin, si ce n'est à prix prohibitif. Parallèlement, l'effondrement du marché de l'immobilier provoque la traditionnelle montée des impayés et des saisies, qui elles-mêmes pèsent à la baisse sur les prix, alimentant la spirale, comme aux États-Unis trois ans plus tôt.

Pendant les années folles, les banques irlandaises étaient la fierté du pays. Avec leurs engagements neuf fois supérieurs au pib du pays, elles symbolisaient la réussite du « Tigre celtique ». L'ensemble de l'économie était gonflé par la dette, au point qu'en 2007 c'est le pib par habitant irlandais qui se classe en tête de la zone euro. Les prix de l'immobilier, sur la décennie 1998-2008, avaient triplé dans les quartiers les plus recherchés de la capitale, Dublin.

Ce miracle, maintes fois célébré par la presse locale et étrangère, n'était dû qu'en partie au travail des Irlandais. Il a été artificiellement entretenu par la mécanique de l'union monétaire. Dès la fin des années 1990, la baisse des taux d'intérêt diffuse ses effets euphorisants en Irlande, sous l'effet du comportement moutonnier des marchés financiers qui ne veulent plus considérer le risque, et estiment que tous les Européens sont devenus des Allemands. La croissance irlandaise bénéficie alors d'un autre adjuvant : une fiscalité proche du dumping. Dublin taxe en effet les bénéfices des entreprises deux fois moins que la plupart des pays de la zone, à 12,5 %. Une stratégie du « passager clandestin » que les autres membres de la zone tolèrent, par faiblesse : l'Irlande, subventionnée par les fonds structurels communautaires, détourne à son profit les multinationales américaines s'implantant en Europe, les Google et autres Apple qui, grâce à un jeu d'écriture comptable, domicilient à Dublin les profits qu'ils réalisent dans toute la zone, pour les faire taxer à moindre coût.

Dans toute situation de bulle spéculative, la confiance se retourne très rapidement. Dès les premières alertes sur la Grèce, à la fin de 2009, les taux d'intérêt de l'Irlande entament une ascension problématique. L'inquiétude des investisseurs s'explique non seulement par la traditionnelle perte de compétitivité vis-à-vis de l'Allemagne, qui est celle de toute l'Europe périphérique, mais aussi par la récession qui se creuse. L'État voit fondre ses recettes fiscales sous l'effet de la crise économique, alors que les banques chancellent sous le poids de la dette accumulée et qu'elles nécessiteraient une recapitalisation dont la puissance publique est incapable. Les marchés financiers le voient et le savent, ils se retirent massivement du marché des obligations irlandais, et font ainsi grimper les taux d'intérêt, ce qui ne fait qu'aggraver la crise et entretenir l'inquiétude… C'est le cercle vicieux, double inversé de celui qu'a connu le pays durant les années 2000. Le Tigre est blessé.

Le 28 novembre 2010, la zone euro débloque 85 milliards d'euros pour venir en aide à l'Irlande. Deuxième plan de sauvetage, le « paquet » se décompose en deux blocs : 35 milliards destinés aux banques et 50 milliards affectés aux besoins de financement de l'État effondré. Le tout prêté à plus de 5 % l'an sur une décennie, et consenti par le Fonds européen de stabilité financière, le FESF, une structure mise sur pied à la hâte pour emprunter de l'argent sur les marchés avec la garantie collective des pays membres de la zone euro. De la dette supplémentaire pour régler une crise de la dette. Encore.

Le Fonds monétaire international contribue lui aussi au renflouement, et conçoit le programme de redressement économique du pays : une purge. Dublin accepte toutes les conditions imposées par la « troïka » (Commission européenne, Banque centrale européenne et FMI) chargée d'élaborer le plan et de veiller à son exécution. Toutes, sauf une : l'Irlande veut absolument conserver sa fiscalité des sociétés à prix cassé. Les Européens ferraillent et finissent par céder. Ils paient 85 milliards et accordent à l'île le droit de continuer à jouer les passagers clandestins, en attirant les investissements au détriment des voisins.

L'endettement irlandais explose, sous l'effet des milliards consentis aux banques en échange d'une nationalisation et inscrits dans les livres de compte de l'État. En 2007, la dette publique brute de l'Irlande était de 28,6 % du pib, selon l'OCDE. Cinq ans plus tard, elle a quadruplé, atteignant

120 % du pib. L'Irlande a rejoint la Grèce dans la cage aux hamsters.

Dans les semaines qui suivent, la contagion s'étend aux autres pays de l'Europe du Sud, et en particulier à la péninsule Ibérique. Espagne et Portugal ont connu, eux aussi, une flambée des prix et des salaires qui a détérioré leur compétitivité. Leur solde extérieur – la différence entre ce qu'ils vendent à l'étranger et ce qu'ils achètent, qui est un indicateur de compétitivité – s'est gravement dégradé au fil des années 2000, atteignant – 10 % du pib pour l'Espagne en 2007 et – 12,6 % du pib pour le Portugal l'année suivante. Lorsqu'on achète plus qu'on ne produit, il faut s'endetter, ce qu'ont fait les Espagnols et les Portugais, sans mesure. Les ménages en particulier et les entreprises. Une dette d'autant plus élevée que l'immobilier a connu lui aussi une très forte hausse des prix, et que les Espagnols ont massivement acheté des logements. Ils en ont construit encore davantage : le pays n'était plus qu'une gigantesque cimenterie. En 2007, l'Espagne avait produit plus d'habitations que les États-Unis.

Le retournement de la conjoncture qui a lieu à partir de 2008 et les mécanismes de contagion diffusent lentement leurs effets et provoquent dans la Péninsule exactement les mêmes résultats qu'en Grèce et en Irlande : montée des taux d'intérêt, récession, déficit budgétaire qui se creuse. Le

23 mars 2011, le Premier ministre José Socrates est contraint à la démission, après avoir tenté en vain de faire passer un plan d'austérité sévère, qui est rejeté par le Parlement. Après plusieurs semaines de confusion et de vacuité gouvernementale, le 3 mai 2011, le Portugal conclut à son tour un accord financier avec le FESF et le FMI. Il reçoit 78 milliards d'euros, dont au moins 12 pour recapitaliser ses banques en perdition. C'est le troisième plan de sauvetage consécutif, qui prévoit lui aussi des contreparties : réforme du système de santé, privatisations, restructuration du système bancaire, assainissement budgétaire. Les hamsters sont désormais trois.

Dans le courant de l'année 2011, la tension s'aggrave sur les taux d'intérêt espagnols, qui franchissent les 6 % annuels, alors que le pays a besoin de plusieurs dizaines de milliards d'euros pour, non pas rembourser sa dette, mais simplement renouveler les échéances. Les banques espagnoles, qui avaient brillamment passé les « tests de résistance » conduits par l'Autorité européenne de surveillance, sont en réalité pour certaines en quasi-faillite. En particulier les caisses d'épargne, où sont logés des dizaines de milliards d'euros de prêts qui ne seront jamais remboursés à cause de la chute des prix de l'immobilier.

Le gouvernement socialiste de José Luis Zapatero, qui avait accompagné la fin du boom économique, aligne les mesures d'austérité dans l'espoir de redresser les comptes publics. Le chômage remonte au-dessus des 20 %. Des élections législatives interviennent en novembre 2011, qui balaient les socialistes et ramènent au pouvoir une droite conduite par Mariano Rajoy.

À ses débuts, Rajoy croit lui aussi pouvoir éviter les fourches caudines de Bruxelles. Toujours la même illusion, toujours les mêmes recettes : augmentations d'impôts, coupes dans les dépenses, restructuration des caisses d'épargne, fusionnées dans un vaste ensemble baptisé Bankia. Ensemble dirigé par l'ex-ministre des Finances Rodrigo Rato et mis en Bourse juste avant l'effondrement. Avant de céder des titres sur le marché, la nouvelle entité a publié des comptes faisant état d'un profit d'environ 300 millions d'euros pour l'année 2011. Quelques mois plus tard, le bilan est réévalué et pointe non pas un bénéfice, mais une perte de… un milliard. Tant pis pour les épargnants qui ont acheté ces titres, sur la foi d'informations validées par les autorités de Madrid, et se sont fait tondre.

Les difficultés naissantes de l'Espagne déclenchent un nouvel accès de fièvre sur les marchés financiers. Toujours les taux d'intérêt qui montent, témoignant d'une défiance croissante des investisseurs devant une situation économique qui se détériore. Quand on a peur, on ne veut pas prêter, sinon à un prix plus élevé, pour rémunérer le risque que l'on prend. La crainte est d'autant plus forte que les fameuses agences de notation, chargées d'évaluer le risque financier, « dégradent » les pays européens avec la régularité d'un métronome. Il ne se passe pas une quinzaine sans que telle ou telle « note » soit abaissée, signalant une aggravation du risque, à cause de la conjoncture et... de la montée des taux. La hausse des taux justement entraîne la baisse des notes, qui alimente elle-même la remontée des taux. Entre la finance et le monde absurde des Shadoks, il n'y a pas grande différence.

De nombreuses voix s'élèvent en Europe, sauf en Allemagne, pour briser à la fois ce cercle vicieux et un tabou : la Banque centrale européenne doit racheter les obligations des pays de l'Europe du Sud sur les marchés financiers, entend-on de toutes parts, afin d'alléger la pression qui pèse sur leurs budgets, en faisant baisser les taux d'intérêt. Le marché de l'argent est en effet soumis à la banale loi de l'offre et de la demande, comme celui des fruits et légumes. Loi qui est en réalité une loi de la psychologie, et non de l'économie. Quand il n'y a pas de demande, les emprunteurs doivent proposer des taux d'intérêt plus élevés pour ranimer l'appétit des prêteurs. Quand la demande est là, au contraire, les taux peuvent être faibles – c'est le rapport de forces favorable dont profite l'Allemagne, grâce à sa réputation de bonne gestionnaire. Si la BCE rachète des titres italiens ou espagnols sur les marchés, elle créera une demande artificielle qui fera baisser les taux. Les banques centrales anglo-saxonnes, au Royaume-Uni et aux États-Unis, recourent à cette technique depuis le début de la crise. Technique qui n'est pas forcément de la création monétaire inflationniste : les achats de titres peuvent être neutralisés, « stérilisés » comme le disent les spécialistes, grâce à la réduction d'autres crédits consentis par l'institut d'émission, de façon à conserver le volume global de monnaie conforme aux objectifs.

Au sein de la BCE, le débat fait rage. Jean-Claude Trichet, le président jusqu'en 2011, a fini par se résoudre à acheter des obligations pour aider la Grèce, l'Irlande et le Portugal en pleine déconfiture. Mais les Allemands, la puissance d'influence en matière monétaire, refusent ces actions dites « non conventionnelles », tout aussi dangereuses à leurs yeux que les armes du même nom, car elles risquent de réveiller le monstre assoupi dont ils ont une peur panique, l'inflation. La crainte allemande est jugée excessive par le Conseil des gouverneurs, et la BCE se met à manger des titres pour des dizaines de milliards d'euros. Papier de faible valeur, compte tenu des médiocres perspectives de remboursement : la

BCE détériore son propre bilan pour améliorer celui des États qu'elle aide. Axel Weber, le patron de la Bundesbank, la banque centrale allemande qui pèse lourd au Conseil des gouverneurs, finit par démissionner au printemps 2011 pour témoigner de son hostilité à la politique suivie.

Caricaturaux, les arguments allemands n'en ont pas moins un fond de vérité : la BCE est le temple qui recèle le dernier joyau, celui qu'on n'utilise qu'en cas de nécessité extrême – la crédibilité. Au bout du bout, la monnaie ne repose sur rien d'autre que sur la foi un peu mystérieuse, et pas toujours rationnelle, des acteurs économiques. Foi transparente et fondamentale, qui fait que l'on ne s'interroge pas sur la valeur des billets que l'on échange. On y croit, tout simplement. L'érosion ou la disparition de cette foi – c'est arrivé notamment en Allemagne, dans les années 1920, période d'hyperinflation – provoque des troubles sociaux considérables. Lorsque la valeur de la monnaie n'est plus crédible, ce sont toutes les valeurs qui s'effondrent. Et, plus prosaïquement, le traité de Maastricht et ses appendices interdisent tout bonnement le soutien direct des banques centrales aux États. Il s'agit là du tabou ultime : dès lors que la planche à billets, c'est-à-dire la liberté d'imprimer de la monnaie *ad libitum*, se trouve dans les mains d'un pouvoir politique quel qu'il soit, ce dernier s'en sert pour faire des bêtises et acheter les clientèles électorales qui le maintiendront au pouvoir.

À l'opposé, les partisans des actions non conventionnelles n'ont qu'un seul argument : on a essayé tout le reste, et rien n'a marché. C'est rudimentaire, mais difficilement contestable. Pourtant, l'exemple du Japon, qui tente en vain de lutter contre la déflation depuis vingt ans avec ces techniques, aurait pu tempérer l'ardeur de ces révolutionnaires. Reste que, quand le niveau de l'eau monte et qu'on ne sait pas réparer la plomberie, il est tentant de grimper sur un tabouret pour rester au sec.

En décembre 2011, afin de contourner l'obstacle teuton pour utiliser la banque centrale, les chefs d'État et de gouvernement inventent un système baroque, appelé LTRO, pour « Long Term Refinancing Operation ». La presse anglo-saxonne l'appelle aussi « Sarkozy trade », car le président français a beaucoup œuvré pour le mettre en place, avec Mario Draghi, le nouveau patron de la BCE, qui vient de prendre ses fonctions. Il s'agit de prêter 1 000 milliards d'euros sur trois ans à huit cents banques européennes, au taux d'intérêt de la BCE, qui est alors de 1 % par an. L'opération s'effectue en deux moitiés, l'une en décembre 2011, l'autre quelques semaines plus tard, aux mêmes conditions.

Avec cet argent, les banques vont se refinancer. Elles portent les stigmates du Grand Boom des années 2000 et sont lourdement endettées. Comme elles sont pour la plupart dans l'incapacité de rembourser ces dettes, il faut prolonger les échéances, c'est-à-dire les remplacer par de nouveaux emprunts du même montant. Sinon, c'est la faillite. Qu'un seul établissement important s'effondre, et c'est le krach général du monde bancaire, à cause des liens croisés qui existent entre tous. Les banques sont donc *too big to fail*, trop importantes pour qu'on les laisse faire faillite. Le sinistre précédent de Lehman Brothers est encore dans tous les esprits. Mais personne ne veut leur prêter de l'argent, sinon à des conditions défavorables – comme les États, elles subissent une pluie de dégradations de la part des agences de notation. Le flot de milliards arrivés de Francfort leur retire donc un souci. En gros, on prolonge leur vie de trois ans, avec l'espoir que, d'ici là, la conjoncture leur permettra de trouver de l'argent privé sur les marchés.

Tout cadeau ayant sa contrepartie, les responsables européens enjoignent aux banques d'acheter massivement de la dette de leur propre pays, pour permettre à leur État de se financer sans trop de dommages. Les banques espagnoles sont incitées à reprendre du papier émis par Madrid, les banques italiennes des titres de Rome, etc. Nous avons fait d'une pierre deux coups, se félicitent les responsables européens, et en particulier Nicolas Sarkozy, en sauvant à la fois les banques et les États.

En apparence, les marchés approuvent cette idée : les bourses remontent, les tensions sur les obligations s'apaisent. En réalité, la finance a remporté une nouvelle victoire. Elle n'a plus de stress pour trouver de l'argent et espère faire une culbute formidable sur le trafic d'obligations. La BCE lui prête à 1 %, et elle va prêter elle-même aux États à 5 ou 6 %... Décidément, la crise a ses bons côtés. Non seulement le banquet continue, mais ce sont les autres, les contribuables, qui vont payer l'addition.

Cette usine à gaz est à la fois scandaleuse dans son principe – on donne une prime importante et injustifiée aux banques – et stupide dans sa finalité. Les banques se bourrent de papier d'État au moment même où les États deviennent insolvables : le lien entre les établissements de crédit et les finances publiques devient indissoluble et dangereux. Que les uns s'effondrent, et ils emportent avec eux les États. À l'inverse, si les États flanchent, ils plombent les banques. C'est le borgne et le paralytique à qui l'on demande de s'associer pour courir un marathon. Tout cela pour ne pas mécontenter les Allemands !

L'idée est tellement bête que l'un des sommets qui suivront, six mois plus tard seulement, à la fin de juin 2012, sera justement consacré à rompre le lien financier entre les États et les banques, selon les commentaires officiels... Avec un dispositif d'union bancaire européenne qui est tout aussi fumeux que celui qu'il remplace. Faire et défaire, c'est toujours travailler.

Dès le premier trimestre 2012, de nouvelles alertes se produisent. Les taux espagnols approchent alors les 7 % annuels, ce qui renchérit considérablement le coût de refinancement de l'État et des provinces. Le nouveau gouvernement de droite est dans le déni total des difficultés. Dans un premier temps, il refuse tout bonnement de reconnaître les problèmes du système bancaire. Devant l'évidence, il les évalue à quelques milliards d'euros. Puis finit par demander plusieurs dizaines de milliards d'aide à ses collègues européens. Dizaines qui céderont bientôt le pas aux centaines de milliards nécessaires pour secourir ce grand pays – avec une économie cinq fois supérieure à celle de la Grèce – lorsqu'on additionne les besoins vraisemblables des banques, des provinces en faillite et de l'État lui-même.

La dette espagnole connaît une dynamique très préoccupante : elle est passée de 30 % de la richesse produite annuellement dans le pays en 2007 à plus de 70 % en 2012. Au cours des premiers mois de l'année 2012, cette charge augmente de plus de 1 % du pib par mois. Et encore ne tient-elle pas compte de tous les engagements consentis par les nombreuses entités publiques décentralisées. Les prix de l'immobilier continuent à chuter, la récession se creuse, le chômage grimpe : l'Espagne a ouvert la porte de la cage et s'apprête à rejoindre les rongeurs qui l'ont précédée.

Quelques jours plus tard, c'est au tour de Chypre. Économie-confetti qui souffre d'une hypertrophie du système financier, Chypre a besoin d'une dizaine de milliards pour renflouer ses banques. Le sauvetage de ce petit pays a quelque chose de saugrenu : pour tenter d'obtenir les meilleures conditions financières possibles, le gouvernement négocie tour à tour avec la Commission et la Russie, qui montre un intérêt suspect pour Nicosie et son régime fiscal très clément, et se dit prête à l'aider… On a donc vu l'un des membres de la zone euro en pleine déconfiture sauvé non pas par la collectivité, mais par le géant russe, alors même que la petite île s'apprêtait à prendre la présidence de l'Union ! Chypre récupère 5 milliards en provenance de Moscou. Tout est décidément possible en Europe.

À l'été 2012, les hamsters sont donc au nombre de cinq.

Et les autres se préparent. Le sixième pourrait être l'Italie, qui se trouve à la veille d'une grave récession. D'octobre 2011 à mars 2012, le pib du pays a chuté de 1,5 %. En juin dernier, le patronat transalpin, qui tablait jusqu'alors sur une récession de 2,4 % pour l'ensemble de l'année 2012, s'est dit encore plus inquiet. Le 6 juillet, Mario Monti, le président du Conseil, a fait adopter une nouvelle série de coupes budgétaires : 26 milliards d'euros sur les deux ans qui viennent, soit l'équivalent de près de 2 % du pib. Diminution du nombre de fonctionnaires, baisse de 10 % des crédits du ministère de la Défense, réduction des dépenses de santé publique... Ce jour-là, une semaine exactement après le dix-neuvième « sommet-historique-qui-a-enfin-réglé-la-crise-de-l'euro », les taux d'intérêt italiens touchaient à nouveau la barre des 6 % annuels. Comme un avion qui part en vrille, l'Italie risque fort de s'écraser avant la fin de l'année.

Juste derrière l'Italie se trouve la France. À l'été 2012, elle profite encore de taux d'intérêt très bas, voire très légèrement négatifs sur les échéances très courtes. Cette prime précieuse – le seul paiement des intérêts de la dette publique est l'un des tout premiers postes du budget – s'explique en partie par des raisons politiques. C'est le dividende du compagnonnage franco-allemand. Voilà plusieurs décennies qu'existe ce « couple », et qu'il survit aux crises et aux alternances politiques de part et d'autre du Rhin. Nicolas Sarkozy a mis plusieurs années à se rallier à Angela Merkel, et à faire oublier l'animosité qui les séparait lorsqu'il avait été élu. Pour finir dans une quasi-germanolâtrie.

Lors de sa dernière intervention à l'Élysée, le 29 janvier 2012, il avait assommé les Français de références à notre grand voisin.

Quant à François Hollande, ses attaques, durant la campagne, contre la politique économique inspirée par l'Allemagne n'étaient-elles pas en grande partie tactiques, destinées à marquer une rupture d'autant plus nette que le président sortant s'était mis à parler allemand sur tous les sujets ? La rapidité avec laquelle il veut faire ratifier le traité budgétaire commun, après avoir obtenu sa victoire sur une relance européenne en trompe-l'œil, incite à le penser. Il devrait, lui aussi, retrouver sous peu la route de Berlin. Au fond, les investisseurs croient que la France fera peu ou prou comme l'Allemagne, en moins bien. Ces trois derniers mots nous coûtent la différence de prix entre les « Bund », l'obligation fédérale allemande, et son homologue du Trésor français. Mais, jusqu'ici, pas davantage.

Au niveau économique, pourtant, la situation n'est pas rose. Durant le premier trimestre de l'année, la dette a crû de 72 milliards. Plus d'un point de pib par mois. Certes, l'emballement est en partie dû au chèque que nous avons consenti à la Grèce. Reste que ce chiffre témoigne aussi d'une dynamique préoccupante. Sur les six premiers mois de l'année, la croissance est bloquée à zéro et, à l'été, tous les indicateurs avancés signalent une récession. Le nouveau gouvernement va prélever dans l'économie de 8 à 9 milliards d'ici à la fin de 2012, principalement avec des hausses d'impôts, et probablement au moins 30 milliards l'année prochaine. Le pouvoir d'achat va donc nettement diminuer à nouveau en 2012, après la plus forte chute depuis trente ans, à – 1,2 %. Les marges des entreprises sont au plus bas depuis trente ans également, l'investissement n'a donc guère de chances de se redresser. Il n'a toujours pas retrouvé le niveau d'avant la crise, contrairement à l'Allemagne. En clair, tous les moteurs sont à l'arrêt ou au ralenti : moins de dépenses publiques, moins de dépenses privées, des exportations bridées par une compétitivité médiocre et par la récession qui sévit chez nos partenaires. La seule chose qui nous différencie de l'Italie est le bas niveau de nos taux d'intérêt. C'est un avantage capital, mais fragile. Dès que les marchés auront mesuré l'effet de la conjoncture sur nos comptes publics, le risque est grand pour la France de se voir tirer par la manche dans la cage aux hamsters.

Le bilan de ces trois années de sauvetage tient en un seul mot : calamiteux. Si l'on additionne les prêts consentis par la caisse commune des pays de l'euro, le FESF, l'aide directe ou indirecte de la Banque centrale européenne, les mécanismes d'assistance financière aux banques risquant la crise de liquidité et les transferts du système TARGET, on approche les 2 000 milliards d'euros sur trois ans, dont une partie n'a certes fait que remplacer de la dette existante. En pure perte. Toute l'Europe du Sud est en train de dévisser et menace d'entraîner avec elle les pays les plus solides, un par un. La récession qui se profile pour 2012-2013 pourrait être plus longue qu'en 2009, si elle est moins sévère. En mai 2012, le taux de chômage dans la zone euro atteignait son record, à 11,1 % de la population active. « Chomland », le pays des sans-emploi dans l'union monétaire, compte désormais 17 561 000 habitants, près de 2 millions de plus que l'année d'avant. Pourquoi en est-on arrivé à un tel désastre, malgré la débauche de moyens financiers mobilisés ? Quel est ce mal dont nous ne venons pas à bout ? Comment les pays qui ont connu des crises similaires s'en sont-ils sortis ? N'y a-t-il pas moyen de s'inspirer de ce qu'ils ont fait pour échapper au destin sombre qui se profile pour l'Europe ?

La leçon des très nombreuses crises de la dette qui se sont succédé en Afrique dans les années 1980, en Asie et en Amérique latine dans les années 1990, et jusqu'en Europe avec la Suède il y a vingt ans, est d'une simplicité cristalline. Il faut évidemment couper dans les dépenses publiques, parfois très violemment. Mais le plus important est de rétablir la compétitivité, qui elle-même provoque la croissance et fait donc fondre la dette. La croissance est en effet un moyen très efficace de réduire le poids de la dette, qui est toujours évalué de façon relative, par rapport à la richesse nationale. C'est d'ailleurs en points de pib qu'on mesure l'endettement d'un pays.

En améliorant la compétitivité, on traite donc la dette. Et à l'inverse, quand la première se détériore, la seconde progresse inexorablement, puisqu'il faut maintenir le même niveau de service public et augmenter les transferts (les allocations chômage, par exemple) avec des ressources déclinantes.

Or, pour rétablir la compétitivité instantanément, la seule méthode est la dévaluation de la monnaie, délibérée ou subie à cause de la panique que déclenche la crise chez les investisseurs. Ceux-ci se retirent massivement du pays sinistré, vendent donc sa monnaie et la font chuter sur les marchés des changes internationaux. Cette opération provoque une chute sévère du pouvoir d'achat et des revenus, puisque tous les produits importés, notamment l'énergie, voient leur prix monter dans la proportion de la dévaluation. De façon symétrique, elle fait baisser le coût de la production locale : les ventes à l'étranger repartent. Une dévaluation comprime la demande interne, ce qui permet d'importer moins, et stimule la demande extérieure, ce qui permet d'exporter davantage.

Elle prélève sur les rentiers, les épargnants et les retraités, qui vivent de revenus fixes ou de transferts, et elle redistribue de la richesse et de l'emploi à ceux qui travaillent. En gros, elle pénalise les vieux et avantage les jeunes. Parallèlement, elle prélève de la croissance à l'étranger pour la redistribuer à l'intérieur des frontières nationales.

Bien sûr, l'Europe du Sud ne peut pas dévaluer face au Nord, et c'est son principal problème, qui durera autant que l'union monétaire elle-même, puisqu'il lui est consubstantiel. Si les plans de sauvetage échouent, c'est qu'ils s'attachent à soigner les symptômes, la progression de l'endettement, et non le mal lui-même, la perte de compétitivité. Ou pas assez, parce que la dévaluation permet de réduire les coûts du travail tout en préservant l'illusion monétaire. L'Europe du Sud est condamnée à des ajustements réels, c'est-à-dire à faire baisser les prix et les salaires. Elle n'y parvient pas.

Elle ressemble, de ce point de vue, à l'Afrique francophone d'il y a vingt ans. Le FMI s'échinait à concevoir et à tenter de faire appliquer des « plans d'ajustement structurels » dans la plupart des pays d'Afrique occidentale, en pure perte : l'union monétaire avec la France condamnait toute amélioration de la situation. Le FMI essayait de rétablir une compétitivité plombée par une monnaie considérablement surévaluée. Seule l'élite africaine avait intérêt à conserver ce lien monétaire post-colonial, puisqu'il lui permettait d'acheter dans de bonnes conditions des produits importés, de préserver la valeur de son capital et, le cas échéant, de le transférer dans les banques françaises. Quant au peuple, il avait à tirer un boulet encore plus lourd. Il n'a allégé sa charge que lorsque Michel Camdessus, patron du FMI dans les années 1990, a organisé la dévaluation de 50 % du franc CFA par rapport à la devise française.

L'euro est le CFA de l'Europe du Sud, l'Allemagne et les pays septentrionaux jouant le rôle de la France, renflouant indéfiniment les comptes des pays africains jusqu'à… la dévaluation ? Pour les dirigeants européens, il ne s'agit pas de défaire l'union monétaire, mais au contraire de la préserver. Ils butent donc sur le défaut intrinsèque du projet, l'impossibilité d'ajuster sans douleur les salaires et les coûts, et cet obstacle explique en grande partie leurs échecs répétés. Le problème loge dans la question elle-même : il n'y a pas de solution à la crise européenne avec des dettes trop lourdes, des taux d'intérêt trop élevés et une monnaie trop chère.

L'Allemagne ne l'entend pas de cette oreille, et promeut la stratégie des « réformes structurelles ». Libéralisation du marché du travail, afin de faciliter les licenciements – pour ne pas dissuader l'embauche. Réduction des indemnités de chômage ou de la durée pendant laquelle elles sont versées, afin d'inciter les sans-emploi à accepter un nouveau poste de travail, fût-il moins qualifié et moins rémunéré que le précédent. Baisse des coûts salariaux, afin de rétablir la compétitivité à l'export. C'est exactement ce que l'Allemagne a fait elle-même, de 2003 à 2005, avec les lois Hartz, le nom de l'ancien directeur des ressources humaines de Volkswagen, mandaté pour réécrire le droit du travail par Gerhard Schröder, le social-démocrate qui a précédé Angela Merkel à la chancellerie fédérale.

Nul doute que ces réformes aient rétabli la puissance des usines allemandes, affaiblies par les coûts de la réunification. Mais la base industrielle de l'Allemagne était là, ainsi que sa culture industrielle, sans oublier la cogestion associant les syndicats et les patrons : rien de tout cela n'existe en Europe du Sud. Autant vouloir planter des tilleuls dans le désert. De plus, l'Allemagne a mis en œuvre ces réformes seule, dans une Europe qui pratiquait une politique rigoureusement inverse, desserrant les freins de la demande en augmentant les salaires : elle a profité à plein des bêtises faites par les autres.

Aujourd'hui, au contraire, toute l'Europe pratique cette politique avec plus ou moins de détermination, et cela ne fait que déprimer davantage la demande. La plupart des pays qui ont parié avec succès sur cette stratégie de réduction des coûts l'ont fait pour profiter de la demande chez leurs partenaires commerciaux, en période de croissance. Lorsque tous les membres d'une même zone l'adoptent en même temps, le risque est élevé de voir s'enclencher un processus cumulatif de dépression. Une vraie politique coordonnée supposerait que les pays en excédent, l'Allemagne en tête, dépensent beaucoup et augmentent massivement les salaires pour faire tourner les moteurs tandis que le Sud mettrait en place ses réformes. On en est loin.

À l'illusion allemande sur les réformes répond l'illusion française sur la relance. Le programme de relance européenne obtenu par François Hollande souffre de deux défauts. Il est très faible : 120 milliards d'euros, soit moins de 1 % du pib. Et il est composé en partie de fonds qui auraient été dépensés de toute façon, les fonds structurels communautaires. C'est une opération largement cosmétique, qui permettra à Hollande de revendiquer un « changement de cap » vers la croissance et de signer sans sourciller le pacte budgétaire qu'il critiquait pendant la campagne.

En réalité, la relance classique n'est plus une option suffisante. Si même on trouvait quelques centaines de milliards, elle n'apporterait qu'un secours transitoire, comme en 2009-2010, avec pour contrepartie un nouvel alourdissement de la dette. Comment guérir d'une dette excessive en la faisant encore croître ? Illusion allemande sur les réformes et illusion française sur la croissance se renvoient l'une à l'autre depuis des mois, chacun défendant aveuglément sa spécialité nationale : le travail sur la compétitivité chez l'un, la dépense publique pour soutenir la croissance chez l'autre. Et il y a bien là la deuxième raison de l'échec européen.

Dernière explication : l'improvisation permanente, de sommet en sommet – dix-neuf rencontres de chefs d'État et de gouvernement se sont succédé depuis le déclenchement de la crise à Athènes. Sommets souvent improductifs, ou qui formulent des réponses hâtives, sous la pression des marchés financiers. Ce sont les investisseurs qui donnent le tempo, en faisant progresser les taux d'intérêt. Au-delà de 7 % pour l'Espagne, on est à peu près sûr d'avoir des « décisions historiques ». En deçà, chacun reste campé sur ses positions et renvoie les décisions au sommet d'après. Le philosophe allemand Peter Sloterdijk décrit drôlement la posture de ces politiques européens comme celle d'« essayistes », ceux qui tentent une explication du monde et en changent souvent parce qu'ils exercent leurs talents dans l'ordre des idées, et non de la réalité.

À la décharge des responsables européens, ces problèmes sont évidemment complexes, à cause de l'hétérogénéité des situations et de l'interdépendance. Mais cette excuse ne valait guère que pour la première année. Pourquoi n'avoir pas cherché un héritier du Luxembourgeois Werner ou du Français Delors – après tout, Jacques Delors lui-même est toujours disponible – pour lui demander de réfléchir à l'avenir commun, de baliser un chemin sur plusieurs années, indépendamment de la pression de l'actualité et des marchés financiers ? Un tel plan, assorti d'un calendrier, selon la bonne vieille méthode européenne, aurait permis de donner un cap, sur lequel aligner les instruments de navigation du continent, et de mesurer la distance à parcourir. Au lieu de cela, les Européens naviguent dans un brouillard épais.

Pascal Lamy, directeur de l'Organisation mondiale du commerce et fin connaisseur de la chose européenne, le disait le 8 juillet dernier, lors des rencontres du Cercle des économistes : l'Europe doit se retrouver une histoire à raconter. Et ce sera d'autant plus nécessaire, ajoutait-il, qu'il faudra bientôt expliquer le projet aux citoyens si l'on veut progresser dans l'intégration : des référendums sont inévitables – et même souhaitables – dans l'année qui vient. Dans le monde du *story telling*, celui qui n'a pas d'histoire à raconter pour expliquer son être et préciser ses intentions est inaudible. Il faut à l'Europe une idée simple et compréhensible par tous, comme l'avaient été la Communauté européenne du charbon et de l'acier pour les pionniers des années 1950, ou le marché unique, à l'âge d'or de l'intégration, dans les années 1980. Le moins que l'on puisse dire, c'est que l'on n'y est pas.

CHAPITRE 3

Les fausses promesses de l'Europe fédérale

La cause est entendue : si l'Europe ne parvient pas à sortir de la crise, c'est qu'elle n'est pas assez fédérale. Nos problèmes proviennent de la persistance regrettable des « souverainetés » nationales qui contrarient le beau projet européen, entend-on souvent, en France bien sûr et dans nombre de pays voisins. Souverainetés nationales qui tirent chacune de leur côté les membres du corps commun, comme ces chevaux qui suppliciaient naguère les condamnés. Ces puissantes forces centrifuges qui interdisent les avancées de l'intégration s'expliquent, elles, par les opinions publiques nationales, supposées arriérées et rétives, avec lesquelles il faut malheureusement composer. Les électeurs ne comprennent pas l'intérêt du projet fédéral et veulent au contraire rester abrités derrière leurs frontières nationales exiguës, ce qui a maintenu l'Europe dans un état d'inachèvement déstabilisant et l'euro au seuil de l'explosion. Si les peuples n'existaient pas, ou s'ils étaient plus intelligents, l'Europe serait plus avancée et l'union monétaire fonctionnerait. Voilà peu ou prou le discours des élites françaises, qu'elles soient de gauche ou de droite. Discours qui se décline depuis quelques mois sous une autre forme : dans le monde moderne, nous explique-t-on, il y a une contradiction entre le temps de la décision politique, ralenti par les échéances électorales, et celui de la finance ou de l'économie, qui exigerait des décisions rapides. En clair, c'est la politique qui gêne l'économie. Ou, plus précisément encore, c'est la démocratie qui nous gêne, nous les décideurs et nos projets ambitieux qui feraient tant de bien aux peuples ignorants.

S'il ne fallait qu'une seule raison pour se méfier de l'Europe fédérale, elle pourrait résider dans l'unanimité qu'elle suscite chez les décideurs. Les solutions que tout le monde approuve comme un seul homme sont souvent caricaturales, voire dangereuses, car elles proviennent d'une forme de paresse intellectuelle. Ou bien elles dissimulent de puissants intérêts, les deux défauts n'étant pas exclusifs l'un de l'autre. S'il en fallait une deuxième, elle se trouverait dans le montant des transferts financiers considérables qu'il faudrait organiser, du nord de l'Europe vers le sud. Un pays comme la Grèce, collé avec une monnaie surévaluée de 40 à 60 % selon les calculs et une dette qui dépassera 100 % du pib malgré la faillite partielle de 2011, aura besoin de plusieurs dizaines de milliards d'euros par an de façon permanente, quand bien même il aurait assaini ses finances. Et que dire de l'Espagne, qui s'apprête à dévaler la pente qu'elle a péniblement gravie depuis une trentaine d'années ? Son économie est cinq fois plus grande que celle de la Grèce. Que dire encore de l'Italie, enferrée dans des plans de rigueur de plus en plus drastiques ? Ce sont des centaines de milliards qu'il faudrait prélever dans les pays septentrionaux pour les redistribuer en Méditerranée, exactement comme on prélève aujourd'hui dans les riches régions de France pour redistribuer en Corse ou dans le Pas-de-Calais, en vertu de l'unité nationale et de la cohésion sociale.

Les Français ont tendance à croire qu'ils seraient bénéficiaires d'une telle tuyauterie à milliards. Ils ont tort. Paris serait l'un des plus gros contributeurs à la caisse commune. Si l'on se fie aux clés de partition mises au point pour le Fonds européen de stabilité financière (FESF), le camion de pompiers qui a pour mission d'éteindre les incendies financiers dans les pays insolvables de la zone euro, la part qui reviendrait à la France est de 20,4 %, la deuxième derrière l'Allemagne, à 27,1 %. Ce qui signifie que le contribuable français aurait à subventionner les services publics et les systèmes d'allocations sociales des pays les plus pauvres. Sommes-nous prêts à faire pour Athènes ce que la République fait pour la Lozère ?

Les partisans de l'option fédérale prennent toujours comme modèle les États-Unis, censés préfigurer ce que pourrait être l'Europe demain ou après-demain. L'histoire est aussi belle qu'un conte de fées : à la fin du XVIIIe siècle, à l'initiative d'hommes d'État visionnaires, des États se regroupent sous une bannière commune, à la faveur d'une crise de la dette qui leur fait comprendre que l'intérêt commun est de mutualiser leurs engagements financiers, tout en limitant les prérogatives budgétaires des entités fédérées de façon à prévenir le retour des déséquilibres. Un siècle plus tard, les États-Unis d'Amérique dament le pion à la vieille Europe et deviennent la première puissance mondiale… Bon nombre de dirigeants européens se prennent pour les Jefferson des temps modernes. Peut-être à tort.

Car il y a d'autres expériences de fédéralisme en Europe qui n'incitent guère à l'optimisme. L'Italie, par exemple, coupée en deux entre un Nord industriel très compétitif, auquel s'accrochent les régions viticoles comme la Toscane, elles aussi fort riches, et le sud de Rome, où il n'y a guère d'activité économique déclarée. Depuis des décennies, les transferts de l'un à l'autre n'ont fait qu'enfler, sans jamais parvenir à créer les conditions du décollage économique du Sud. La manne redistribuée par Rome apaise partiellement le sous-développement du *Mezzogiorno*, mais ne le guérit pas. Au contraire, elle l'entretient. Et c'est la raison principale de la croissance de la dette italienne. Car le contribuable du Nord, fût-il prospère, n'accepte pas de payer sans broncher pour une redistribution dont il pressent bien qu'elle n'est pas très efficace et qu'elle sert d'abord à acheter des clientèles politiques... Un mouvement politique de droite influent, la Ligue, s'est même construit sur le refus de payer toujours plus pour le Sud. Et si le gouvernement central décidait de passer outre ces réticences politiques, il prendrait le risque d'obérer la compétitivité du miracle industriel nord-italien, l'une des régions les plus productives et innovantes d'Europe. Du coup, il s'est endetté plus que de raison, pour financer des transferts sans avoir à lever (trop) d'impôt. La dette italienne est la conséquence directe d'un fédéralisme non assumé entre deux régions dont les niveaux de vie et la productivité sont très différents. Ajoutons que la monnaie unique, qui interdit désormais la dévaluation de l'Italie, n'a fait qu'exacerber la divergence entre les deux moitiés de la péninsule. Le Sud est dorénavant plombé par une devise considérablement surévaluée par rapport à ses capacités, et en est réduit à tendre une sébile où le gouvernement ne dépose plus que des piécettes, à cause de la charge de la dette accumulée. Plus de capacités d'investir, plus d'entreprises, plus d'emplois. Une génération entière est au chômage dans le sud de l'Italie, particulièrement nombreuse car les naissances n'ont fléchi que dans les années 1980. Ces centaines de milliers de chômeurs italiens promèneront leur malaise dans le demi-siècle qui vient, faute d'avoir pu s'intégrer à la vie économique et sociale de leur pays.

Certes, le désastre de l'Italie du Sud s'explique aussi par l'incapacité bien méridionale à collecter l'impôt, et par la fraude quasi institutionnalisée. Mais ce n'en est pas la raison principale. La meilleure preuve est à chercher en Belgique, pays du Nord et lui aussi fédéral, associant deux régions de culture différente et dont les performances économiques divergent. La Wallonie, qui ne s'est jamais relevée de l'exode de la sidérurgie dans les pays émergents, et la Flandre industrielle et commerçante. Les mêmes causes ont produit les mêmes effets. Sur le plan politique, avec un mouvement puissant qui prône désormais la scission du pays, au point que la Belgique est restée un long moment sans gouvernement. Sur le plan budgétaire, avec l'une des dettes les plus élevées d'Europe, nourrie elle aussi par les transferts vers les régions déshéritées, alors que les riches refusent de payer davantage.

Dans les deux cas, les problèmes politiques ne sont apparus que lorsque le recours à la dette a été épuisé. Tant qu'on peut emprunter de l'argent, les citoyens restent relativement tolérants quant à l'inégalité des conditions. Dès lors qu'on bute sur le mur d'une dette supérieure à 100 % du pib, qui prélève une charge d'intérêt croissante sur les ressources de l'État, les tensions montent et l'on stigmatise les bénéficiaires des transferts, parfois jusqu'à prôner la sécession.

Il y a fort à parier qu'un fédéralisme européen déboucherait, lui aussi, sur une envolée de la dette européenne, pour des raisons similaires. Il existe en politique une loi maintes fois illustrée, sous toutes les latitudes et à toutes les époques : quand un dirigeant a le choix entre une solution non raisonnable, mais qui diffère la sanction politique, et une autre aux caractéristiques inverses, c'est la première qu'il choisit. Plutôt que de prélever plusieurs centaines de milliards en Allemagne, en France, en Italie du Nord, aux Pays-Bas, en Finlande, pour arroser les terres desséchées de l'Europe du soleil, en assumant les lourdes conséquences politiques d'un tel transfert, les dirigeants préféreront tirer des traites sur l'avenir. Avec une liberté d'autant plus grande que l'Europe n'est pas endettée en tant que telle aujourd'hui. Quelle liberté formidable que de pouvoir remettre les compteurs à zéro, et de s'offrir quelques années de croissance et de paix sociale à crédit jusqu'à la prochaine élection !

Ce projet d'Europe fédérale ressemble par certains points à la réunification de l'Allemagne. Là aussi, un ensemble hétérogène, avec une région parmi les plus prospères du monde et une autre qui accumulait les retards. D'un jour à l'autre, les riches « donnent » leur monnaie aux pauvres, qui profitent grâce à cela d'un pouvoir d'achat meilleur qu'auparavant et de la liberté d'acheter automobiles et réfrigérateurs. D'un jour à l'autre, le travail des pauvres perd toute valeur marchande à cause de cette nouvelle monnaie, le Deutsche Mark, surévaluée de 100 %, voire davantage, par rapport à leur productivité industrielle médiocre. La monnaie des riches tue les pauvres, mais elle leur est attribuée – faut-il dire imposée ? – pour des raisons politiques, la réunification des deux Allemagnes. C'est du moins la décision du chancelier Helmut Kohl, contre l'avis du patron de la banque fédérale allemande, Karl-Otto Pöhl, qui démissionne en 1991. Immédiatement, le chômage explose dans les « nouveaux Länder », l'ex-RDA, les usines disparaissent, parce qu'elles fabriquent des produits désuets à des prix trop élevés. En contrepartie, le gouvernement fédéral est obligé de transférer chaque année 150 milliards de marks à l'Est, pour reconstruire le pays et subvenir aux besoins des citoyens privés d'emploi. Vingt ans plus tard, les transferts ont diminué, mais ils restent substantiels, notamment pour les régions du Nord-Est. Les Länder de tradition industrielle ont su tirer leur épingle du jeu, grâce aux flux d'argent et d'investissements privés venus de l'Ouest. Mais pas les autres.

Cette histoire est, en modèle réduit, celle de l'Europe monétaire et fédérale. À une différence près, capitale : tous les Allemands étaient allemands. Ils partageaient la même culture, la même langue et le même passé – à part un petit demi-siècle, de la fin de la guerre à la chute du Mur. Ils n'ont pas fait l'unification, mais la « ré-unification ». Des siècles d'histoire commune tiennent dans ce seul préfixe. En Europe, la logique est la même. Avec la monnaie unique, nous avons voulu construire les « nouveaux Länder » du Sud, une vaste Allemagne méditerranéenne, mais sans la culture commune et les transferts considérables que le projet aurait nécessités.

Ultime problème à régler : la « gouvernance ». En clair, comment assurer le contrôle politique d'un vaste ensemble comme celui-ci ? Quelle subtile mécanique permettrait d'équilibrer les pouvoirs entre le centre et les périphéries ? Quels domaines de compétence mettre en commun ? Les partisans de l'Europe fédérale n'ont qu'un mot à la bouche : il faut « renoncer » à la souveraineté pour l'exercer désormais de façon conjointe. Mais renoncer en faveur de qui ? La Commission européenne est-elle à la hauteur de cette responsabilité ? Et quels contre-pouvoirs face à elle ? Comment impliquer les citoyens ? Autant de questions à la fois simples, profondes, et diablement difficiles. Le projet de Constitution élaboré par Valéry Giscard d'Estaing avait l'ambition d'y répondre. Probablement trop complexe pour être intelligible, il n'a pas passé la rampe des référendums, en France et aux Pays-Bas. Et l'on imagine mal qu'un autre projet, fût-il élagué, convainque les peuples en pleine crise financière et économique. Et pas même les Parlements.

On pourrait bien sûr imaginer une fédération restreinte, composée d'éléments plus homogènes. L'Europe du Nord, par exemple, qui partage la culture de l'industrie et de l'exportation, un modèle social généreux et une rigueur budgétaire qui ne se dément que rarement. Une telle union peut être viable. C'est un scénario envisagé par l'économiste Christian Saint-Étienne, l'un des rares à avoir fort bien prévu l'évolution de notre construction monétaire dans un livre de 2007, intitulé *La Fin de l'euro*. Saint-Étienne imagine que l'euro pourrait être bientôt coupé en deux. Une monnaie unique pour l'Europe du Nord, et une autre pour le Sud. Le système aurait l'avantage de préserver un certain ordre monétaire, interdisant les dévaluations sauvages qui perturbent les échanges commerciaux, tout en donnant un peu de flexibilité, puisque le « Sudo » serait moins cher que le « Nordo », conformément à la différence de productivité des deux zones.

L'idée est séduisante, mais elle pose quand même deux problèmes. Tout d'abord, quelle serait l'« ancre » de la monnaie du Sud, si l'Allemagne n'y participe pas ? La crédibilité de l'euro sur le marché des changes aujourd'hui provient en grande partie de celle de feu le Deutsche Mark, et du poids relatif que pèse l'Allemagne dans la zone. L'histoire monétaire et budgétaire de la Grèce ou de l'Italie n'inspire pas tout à fait la même confiance. Ensuite, où mettre la France ? On la voit mal rompre le lien fondamental avec l'Allemagne et s'installer au Sud. Le dépassement de l'antagonisme franco-allemand est l'un des fondements les plus solides de l'Europe. Si la France rejoignait la zone Nord, au contraire, elle se trouverait handicapée par une monnaie dont le cours, sur les marchés des changes, serait tiré à la hausse par le « délestage » de l'Europe du Sud. Et sa compétitivité n'y résisterait pas.

Pourquoi diable un tel enthousiasme pour le fédéralisme de la part des dirigeants européens, alors que le seul bon sens suffit pour considérer cette voie avec les plus grandes précautions et que de surcroît les opinions publiques y sont hostiles ?

Il y a en réalité un malentendu sur le sens du mot, ou plutôt une forme de mauvaise foi de part et d'autre du Rhin. Lorsque Angela Merkel, la chancelière fédérale, ou Wolfgang Schäuble, son ministre des Finances, Européen patenté et de longue date, se disent partisans du fédéralisme, il ne faut pas oublier de lire les sous-titres pour bien comprendre ce qu'ils ont en tête. En fait, ce qui intéresse les Allemands dans le fédéralisme, c'est l'adoption de normes communes en matière de dépense publique et de déficit, le système de contrôle des États intempérants et les sanctions frappant les contrevenants. Ainsi, lorsque Angela Merkel se dit favorable à l'intégration européenne, il faut entendre : « Je veux contrôler les budgets de mes partenaires de façon à ne pas être sollicitée pour régler leurs dettes. » Et ce message s'adresse en particulier à la France, qui a l'art d'échapper aux contraintes de la rigueur. Sous la précédente présidence, la France n'a guère fait d'efforts, sinon au cours de l'année 2011. Le premier acte budgétaire de Nicolas Sarkozy a été de jeter littéralement l'argent par les fenêtres, avec la fameuse loi TEPA de l'été 2007, dont quasiment tout a été détricoté au fil du quinquennat par les auteurs de la loi eux-mêmes, peu à peu dessillés sur l'inanité coûteuse du bouclier fiscal, des crédits d'impôts sur l'immobilier et de l'allégement sur les droits de succession. Le premier acte politique de François Hollande, au printemps 2012, a été de rabaisser l'âge de la retraite à 60 ans pour les salariés ayant commencé à travailler jeune. Une hérésie aux yeux des Allemands, qui ont repoussé à 67 ans l'âge de la retraite, et envisagent aujourd'hui, si l'on en croit un rapport des Sages qui conseillent le gouvernement, de le retarder encore davantage, à 69 ans.

D'où le traité budgétaire, signé par les chefs d'État et de gouvernement le 2 mars 2012, qui prévoit que le déficit « structurel » – indépendamment de la conjoncture, qui peut temporairement l'aggraver en faisant fondre les recettes fiscales – ne doit pas dépasser 0,5 % du pib pour les pays ayant une dette supérieure à 60 % de leur richesse nationale. La France se verrait ainsi contrainte de ne pas dépasser un déficit « structurel » de 10 milliards d'euros, un chiffre très largement inférieur à ce qu'il est aujourd'hui. En cas de contravention, les États pourraient se voir infliger amendes, mesures de redressement et autres joyeusetés. Pour l'Allemagne, cette étape est fédérale dans son essence, puisqu'elle prévoit des règles communes pour la conduite de la politique budgétaire. Le 14 juillet dernier, le nouveau président français se disait favorable à la ratification du traité sous réserve des aménagements demandés par le Conseil constitutionnel. Ratification qui doit s'opérer par la voie parlementaire, et non pas référendaire.

Les Français utilisent également le mot de « fédéralisme », mais avec un tout autre sens. Lorsqu'ils se déclarent partisans de l'intégration, il faut là aussi lire les sous-titres. Cela signifie : « Il faut mutualiser les dettes publiques. » Ou, plus précisément, l'Allemagne doit garantir les dettes de l'Europe du Sud, en étant le bailleur de dernier ressort. D'où l'insistance bien française pour mettre en place les « eurobonds » ou « eurobills », cette dette commune garantie par la collectivité, c'est-à-dire par les seules signatures crédibles du continent. Nicolas Sarkozy n'a renoncé à cette option qu'au bout de plusieurs mois de combat acharné avec Angela Merkel. Et encore revenait-il sur le sujet à chaque occasion, tout en indiquant, pour ne pas irriter les dirigeants allemands, que nos voisins n'étaient pas mûrs pour ce saut. Quant à François Hollande, il a présenté à plusieurs reprises, pendant la campagne et dans les semaines qui ont suivi son élection, les « eurobonds » comme la solution à la crise.

Le fédéralisme selon Berlin, c'est la prise de contrôle sur le budget et la politique économique de ses partenaires. Selon Paris, Madrid, Rome et Athènes, c'est la prise en charge des dettes par l'Allemagne. Les Européens du Sud se comportent comme des convives qui, après avoir fait bombance dans un restaurant au-dessus de leurs moyens, demandent au plus riche de régler la note et de débarrasser la table. On peut comprendre que ce dernier en conçoive quelque ressentiment.

Ce qui intéresse l'Europe du Sud, ce n'est pas tant la garantie implicite sur les dettes passées que la possibilité d'émettre de nouveaux titres à des taux d'intérêt plus bas que ceux qui leur sont infligés par le marché aujourd'hui, pour renouveler leur stock de dette à un moindre prix. Ces taux d'intérêt constituent une sorte de note décernée par les investisseurs à chaque émetteur, chaque État en particulier, en fonction de son histoire. Les taux d'emprunt à dix ans, la référence, sont inférieurs à 2 % pour l'Allemagne, compris entre 5 et 7 % pour l'Italie et l'Espagne, et dépassent 25 % pour la Grèce – plus le taux est élevé, moins la note est bonne. Des titres émis de façon solidaire par tous les États de la zone auraient un taux d'intérêt intermédiaire, une sorte de note moyenne, plus faible que celle des mauvaises signatures et plus forte que celle des bonnes. Ils seraient aux alentours de 3 %, si l'on se fie à la moyenne pondérée des taux constatés sur le marché à l'été 2012 : les Allemands perdraient considérablement par rapport à la situation actuelle, qui leur permet d'emprunter à 1,5 % sur dix ans.

L'Europe ressemble à une classe d'école, qui comprend de bons et de mauvais élèves. Un beau jour, les cancres, lassés de se voir collés le samedi pour avoir raté leurs devoirs, proposent un nouveau système d'évaluation : désormais, plus de notes individuelles, mais une appréciation globale portant sur toute la classe. On comprend bien leur intérêt pour une telle révolution, qui leur permet de continuer à ne pas travailler en toute impunité. À l'inverse, on comprend également les premiers de la classe, qui se voient privés du mérite de leurs efforts et de leurs succès… Les « eurobonds », c'est la révolte des cancres de l'Europe. Perspective qui déchaîne littéralement les Allemands. À l'été 2012, la chancelière a déclaré qu'il ne serait pas question de dette commune « de son vivant ».

Le plus mystérieux dans cette affaire, c'est que la France n'a aucun intérêt à mutualiser les dettes et qu'elle se prononce pourtant en faveur de cette option. Sur le premier semestre de 2012, elle a profité du statut de valeur refuge, après l'élection de François Hollande. À la mi-juillet, elle est même parvenue à emprunter à taux négatifs, sur des échéances très courtes. Les investisseurs étaient donc prêts non seulement à ne pas avoir de rémunération en confiant leur argent au Trésor français, mais encore à abandonner 50 centimes par tranche de 10 000 euros prêtés. La France a alors rejoint un club très fermé, celui des pays qui peuvent ponctionner les financiers pour utiliser leur argent, avec l'Allemagne, le Danemark ou la Suisse, trois pays fort bien gérés. Pourquoi veut-elle payer davantage pour sa dette, en faisant profiter les autres de son rapport de forces favorable sur le marché de l'argent ? Avec les « eurobonds », le service de la dette française coûterait bien plus cher qu'aujourd'hui, il faudrait économiser davantage dans le budget de la défense ou de l'éducation pour rembourser les échéances dues.

Cette bizarrerie ne peut s'expliquer que par le rapport névrotique que la France entretient avec son grand voisin. Depuis un demi-siècle, la construction européenne, vue de France, a pour principal objectif de ceinturer la puissance allemande. Comme si l'économie et la monnaie nous donnaient une nouvelle chance d'entreprendre ce que les trois guerres qui nous ont opposés ne sont pas parvenues à faire : assagir et gouverner le voisin allemand. La guerre de 1914 a presque cent ans, mais elle déploie toujours une ombre portée sur la psychologie française. Quant à la dernière guerre, elle a plus de soixante-dix ans, c'est-à-dire presque la durée d'une vie humaine, mais elle a structuré les représentations du monde de la génération au pouvoir, celle des baby-boomers. Dès le départ, au début des années 1990, l'union monétaire a été pensée comme un garde-fou contre la puissance allemande qui se réunifiait. C'était le schéma de François Mitterrand, et peut-être même de Helmut Kohl lui-même. Il s'agissait d'entrer à Berlin, dans l'Allemagne réunifiée, par des voies pacifiques mais irréversibles.

Avant la chute du Mur, l'Allemagne avait largement retrouvé sa puissance, notamment sur le plan monétaire, et les Européens avaient décidé de s'arrimer au Deutsche Mark pour ne pas subir sa loi. La réunification affaiblit temporairement l'Allemagne. À cette époque, la France engrange au contraire les dividendes tardifs de la « désinflation compétitive », qui a fait baisser ses coûts du travail par rapport à ceux de son grand voisin. Conséquence inouïe, la France enregistre un excédent commercial, alors que l'Allemagne, elle, est en déficit, pour doper la consommation des habitants des « nouveaux Länder ». Les pouvoirs économiques sont alors équilibrés, de part et d'autre du Rhin. Mais cela s'explique par des circonstances exceptionnelles comme il n'en arrive qu'une fois par siècle : le fardeau de la réunification, qui met l'Allemagne au même niveau que la France. Seules ces années inhabituelles apaisent notre relation à l'Allemagne, alors que la monnaie unique se met en place. La relation est d'autant plus assagie que, au début des années 2000, Paris et Berlin sont unis pour demander un assouplissement des critères de Maastricht : les deux pays communient dans le déficit excessif, les Allemands sont devenus des Français, il n'y a plus besoin de fédéralisme puisque nous avons récupéré le pouvoir que l'Allemagne a abandonné elle-même.

Chacun reprend pourtant sa pente naturelle au cours de la décennie 2000. La France met en place les 35 heures et dépense sans compter les dividendes de la croissance – Jacques Chirac est président, et Lionel Jospin son Premier ministre. Rétrospectivement, la période 1998-2002, dernière séquence de forte activité que la France ait connue, est vraiment celle des occasions manquées. « Nous avons désintoxiqué le pays de la dépense publique », affirmait à l'auteur de ces lignes Dominique Strauss-Kahn, alors ministre des Finances. Le jugement était un peu optimiste. Les seuls efforts que nous ayons accomplis à l'époque pour réduire le déficit provenaient des dividendes de la croissance.

De l'autre côté du Rhin, au contraire, c'est le spleen. Un vaste débat naît sur le « Standort Deutschland », le site de production allemand, et sur les moyens de remédier à la perte de compétitivité. Il faudra attendre le second mandat du chancelier Schröder pour que le coût du travail soit abaissé et que le marché du travail soit assoupli de façon sévère pour les non-qualifiés. Tout au long des années 2000, la France voit son avantage compétitif s'éroder, comme en témoigne sans fard notre solde commercial, qui passe d'un léger excédent à un déficit de 70 milliards d'euros en 2011. L'Allemagne fait le chemin rigoureusement inverse, améliorant sans cesse sa performance pour dégager jusqu'à plus de 150 milliards d'excédent pour sa balance commerciale... L'avantage que nous avons pris sur nos voisins, engagés dans le plus gros chantier de reconstruction du demi-siècle, aura duré moins de quinze ans.

La suprématie allemande est encore plus éclatante au sortir de la crise. En 2012, l'Allemagne sera quasiment à l'équilibre des finances publiques. Elle a retrouvé un niveau de pib et d'investissement supérieur à celui de 2007 – c'est le seul pays occidental dans ce cas, l'Amérique ayant retrouvé seulement son pib. Elle a presque éradiqué le chômage, qui végète à 5,5 % de la population active, alors que la France connaît un taux de sans-emploi près de deux fois plus élevé. Vingt ans exactement après la réunification, l'Allemagne semble plus forte que jamais, plus influente encore que naguère au sein de la zone euro, et distribue ses leçons de bonne gestion sans ménagements. La tentation fédérale renaît donc en France, avec le débat sur les « eurobonds » : il faut voler le feu au Jupiter de la monnaie, l'Allemagne.

La poussée fédérale a connu un nouvel accès, à l'occasion du sommet européen de la fin de juin 2012. Énième sommet consacré au règlement de la crise, cette rencontre a débouché sur deux nouveautés. Les prémices d'une union bancaire, tout d'abord. Dès lors qu'une banque de la zone euro aura besoin d'être recapitalisée – les occasions ne devraient pas manquer, compte tenu de la dégradation de la conjoncture et de la chute des prix de l'immobilier, qui se traduisent toutes deux par des prêts non remboursés et donc des ponctions sur les fonds propres des établissements concernés –, elle fera appel non plus au contribuable national, comme aujourd'hui, mais à la collectivité. L'Espagne, qui a besoin de plusieurs dizaines de milliards pour renflouer ses caisses d'épargne mitées par la mauvaise gestion, devrait être la première bénéficiaire du nouveau système. Mais d'autres vont suivre. La Grèce, l'Irlande, le Portugal, peut-être même la France, avec Dexia et son trou sans fin. L'argent proviendra du FESF et ne sera pas comptabilisé dans la dette publique des pays concernés. C'est un organisme de régulation bancaire européen, piloté par la Banque centrale, qui sera chargé de faire la police des banques, en contraignant telle ou telle à la recapitalisation ou à la faillite, le cas échéant, les épargnants étant indemnisés par la collectivité.

Premier problème : les débuts de l'organisme bancaire européen ont été très décevants. C'est cette agence qui avait conduit les « tests de résistance » sur les établissements de la zone et donné son blanc-seing aux banques espagnoles, juste avant que… celles-ci ne s'effondrent. Certes, cette fois-ci, on mise sur la Banque centrale, probablement plus compétente. Deuxième problème : la dilution des responsabilités. En principe, c'est le contribuable français qui vient au secours des banques françaises. C'est ce qu'il a fait lors du sauvetage du Crédit Lyonnais, par exemple, dans les années 1990, sous le contrôle du gouvernement qu'il avait élu. Désormais, le contribuable belge ou français pourrait être sollicité pour renflouer une banque irlandaise, plombée par des dirigeants inconséquents ou cupides, les politiques belges ou français n'ayant plus droit de regard sur l'emploi des fonds publics qu'ils collectent et dont ils sont responsables devant les électeurs de leurs pays.

Cette nouvelle usine à gaz a pour objectif de « rompre le lien entre les États et les banques », selon les commentaires officiels au lendemain du sommet. Lien qui est en effet dangereux, puisque la chute des banques peut entraîner celle des finances publiques. Cela aurait été le cas en Irlande, qui a dû aider ses banques pour plusieurs dizaines de milliards, s'il n'y avait pas eu de plan de sauvetage européen. À l'inverse, la chute d'un État peut précipiter celle de ses banques, comme en Grèce. Mais la rupture du lien n'est qu'apparente. Car ce sont bien les États qui garantissent la caisse commune chargée de sauver les banques, le FESF. Au bout du compte, il n'y a pas d'argent nouveau. Au bout du compte, ce sont toujours les États qui, à un titre ou à un autre, sont mobilisés pour passer la serpillière sur les dégâts faits par les financiers. La seule différence, c'est que les États du Nord peuvent désormais être mobilisés directement pour renflouer les établissements de crédit des pays en quasi-faillite, au Sud, sur la seule injonction de la Banque centrale qui prélèvera le Mécanisme européen de stabilité (MES), c'est-à-dire l'ex-FESF. C'est un premier pas vers le fédéralisme.

Le second échafaudage concerne également le MES : cette caisse commune de plusieurs centaines de milliards d'euros (empruntés, bien sûr) va pouvoir acheter directement des obligations des pays attaqués, sur les marchés financiers, si ceux-ci respectent les objectifs de retour à meilleure gestion définis par la Commission et la Banque centrale. L'Espagne ou l'Italie sont toujours victimes de taux d'intérêt élevés, malgré les mesures d'austérité qui se sont succédé depuis plusieurs mois. Pour une raison simple : les marchés ne croient pas que ces pays sortiront du piège dans lequel ils sont enfermés, à couper dans les dépenses et à lever des impôts qui les fragilisent, toutes opérations qui éloignent encore davantage le retour à la santé. Du coup, ils ne prêtent pas volontiers, et les taux d'intérêt montent, malgré la rigueur – peut-être faudrait-il dire à cause de la rigueur.

À la demande de Mario Monti, le président du Conseil italien, les Européens ont donc brisé un tabou et accepté que la Communauté contribue à faire baisser les taux d'intérêt du Sud en achetant des obligations, afin de créer une demande artificielle pour ces titres et de ranimer l'appétit des investisseurs. Jusqu'ici, le Nord et en particulier les Allemands s'opposaient férocement à de tels achats, parce qu'ils redoutaient que les mauvais gestionnaires ne fassent plus d'efforts si la pression des marchés faiblissait. Le bâton est plus efficace que la carotte, tous les ânes le savent.

Cette décision, si elle était appliquée, serait un premier pas vers la mutualisation des dettes, puisque la collectivité se trouverait propriétaire de titres italiens ou espagnols, après les avoir achetés sur le marché. Elle marque, avec l'union bancaire, une inflexion dans la gestion de la crise. La stratégie de la rigueur ne marche pas et tout le monde s'en rend compte. En apparence, c'est donc une victoire des pays du Sud, qui vont pouvoir mobiliser l'argent des riches plutôt que de s'enfoncer encore dans l'austérité pour ramasser quelques maigres ressources. Voilà deux ans qu'Angela Merkel était assise sur son coffre-fort rempli de pièces, repoussant les attaques des miséreux à coups de balai. Au petit matin du 29 juin 2012, après une nuit d'échauffourées, l'Espagne et l'Italie sont parvenues à entrouvrir la porte : l'or du Rhin est désormais à portée de leurs mains.

Derrière cette victoire, il en est une autre, plus problématique encore. La « finance sans visage » l'a emporté une nouvelle fois sur le contribuable. C'est ce dernier qui va continuer à payer pour la crise, et non pas les créanciers. Dans les premiers temps de la crise, les créanciers ont fait alliance avec le nord de l'Europe, pour imposer l'austérité au Sud et récupérer tout ce qui pouvait l'être. Cette alliance a été rompue lors du deuxième plan d'aide à la Grèce, qui annulait 100 milliards d'euros de dettes, que les banques ont dû passer par pertes et profits : la finance a été contrainte à participer au sauvetage. Elle a donc changé d'allié. La voici mariée aux Méridionaux, pour aller tondre le seul contribuable qui soit encore un peu gras, en Allemagne. Il faut aller prendre l'argent là où il est… « Pas d'ennemis perpétuels, pas d'amis éternels, rien que des intérêts éternels et perpétuels » : voilà la devise des banquiers, calquée sur celle de la diplomatie britannique.

Leur victoire est d'autant plus complète que, à la faveur du sommet de juin 2012, le statut de créancier privilégié (remboursé en priorité) du FESF a été partiellement supprimé. Désormais, en cas de faillite d'un État, la collectivité de la zone euro ne pourra plus se prévaloir de ce privilège pour passer devant les créanciers privés. Les financiers ont donc de meilleures chances de retrouver leurs billes.

À la mi-juillet 2012, l'union bancaire a déclenché un vif débat chez les économistes allemands. Hans-Werner Sinn, le patron de l'institut IFO et l'un des cinq Sages réputés conseiller le gouvernement de Berlin, a publié une tribune dans la presse, avec quelque deux cents économistes, pour critiquer la redistribution de fonds publics prévue par l'accord du 29 juin. L'union bancaire ne sauvera pas l'Europe, disait-il en substance, mais la City et Wall Street, en clair la finance mondiale, profitant une nouvelle fois d'un filet de sécurité qui va encourager ses prises de risque inconsidérées et autoriser la quête sans fin de rémunérations délirantes. Même s'il a été vertement critiqué par le ministre fédéral des Finances, Sinn n'a pas tort. Il avait été l'un des premiers à recommander la sortie de la Grèce de l'euro, au début de la crise, pour lui permettre de dévaluer. Il n'avait pas tort non plus.

Si le fédéralisme est une belle idée, avec sa part de noblesse, il profite donc de puissantes forces qui sont beaucoup moins nobles. Le conservatisme intellectuel, tout d'abord. Voilà cinquante ans que l'on progresse dans l'intégration, pour rester fidèle à un traité de Rome qui nous enjoint de réaliser une « union toujours plus étroite ». La pusillanimité des élites, ensuite, qui peinent à se déjuger et à risquer de compromettre l'héritage européen de leurs prédécesseurs. Elles préfèrent le « saut fédéral » au saut dans le vide que représente, pour elles, toute autre solution, fût-elle plus raisonnable. Peut-être y a-t-il encore des motivations plus obscures chez nos élites, qui n'ont évidemment pour ambition que de se maintenir, comme tous les gouvernants. Avec les transferts de souveraineté, on échappe en partie au contrôle des électeurs, tout se négocie dans les couloirs de Bruxelles et de Strasbourg. La finance mondiale, enfin, qui a intéret – des intérêts libellés en centaines de milliards d'euros – à trouver un nouveau pigeon pour éviter d'avoir à payer la note. Ces questions vont donc dominer l'actualité politique et économique des prochains mois. Très probablement, un référendum sera organisé sur ces questions en Allemagne, à la demande de la Cour constitutionnelle de Karlsruhe.

Malgré ses puissants partisans, pourtant, le fédéralisme n'est pas sûr de l'emporter. D'abord parce que, dès le lendemain du sommet européen, Angela Merkel a multiplié les réserves techniques sur l'accord. Toute la question est en effet de déterminer les conditions précises dans lesquelles le FESF ou son rejeton, le MES (Mécanisme européen de stabilité, un fonds d'aide permanent), interviendront dans le capital des banques et achèteront des obligations. La chancelière dispose d'une majorité parlementaire sur ces sujets, car elle profite de l'appui du SPD, le parti d'opposition social-démocrate, qui compense la défection partielle de ses partisans chrétiens-démocrates. Mais l'opinion publique s'irrite de plus en plus du coût des sauvetages. « Merkel s'agenouille à Bruxelles », titrait *Die Welt* le 30 juin dernier, au lendemain du sommet. « Les pays endettés accéderont plus facilement à l'argent, une victoire pour l'Italie et l'Espagne », ajoutait le quotidien. Tout cela promet encore une série de sommets historiques et de longues et vaines nuits de négociation.

Ensuite, le FESF-MES, doté initialement de 500 milliards d'euros, est lui-même fragile. Après l'aide aux banques espagnoles, il aura dépensé près de 300 milliards pour les pays de la périphérie. Le niveau des réserves diminue donc dangereusement. Et ce fonds n'est pas plus solide que les États qui l'abondent. Un tiers de ses garanties est fourni par l'Italie, l'Espagne, la Grèce, l'Irlande, qui sont les principaux bénéficiaires du fonds lui-même, parce que leurs finances sont éprouvées, sinon complètement ruinées… On connaissait la pensée circulaire, l'Europe a inventé le financement circulaire.

Au-delà même de ces questions techniques et financières qui hypothèquent la construction européenne, l'avancée vers le fédéralisme nécessitera l'approbation des peuples, avec des référendums qui sont loin d'être gagnés. Jusqu'ici, les tenants de cette option, conscients de la difficulté politique qu'il y a à convaincre les citoyens, évitent le débat en présentant par exemple l'union bancaire comme un simple changement technique, qui n'aurait aucun impact sur la souveraineté. C'est évidemment faux, comme les contribuables européens vont s'en rendre compte si le projet sort des limbes. Ils vont payer pour des bêtises faites en dehors de leurs frontières. La différence avec les bêtises nationales est évidemment ténue. Une bêtise de banquier, quelle que soit sa nationalité, se chiffre en impôts supplémentaires. Il y a pourtant une différence, lorsque les faits se déroulent dans un cadre national : le contribuable pénalisé est aussi un électeur, ce qui lui permet de sanctionner le pouvoir politique s'il estime que la crise a été mal réglée. Et ce qui incite le pouvoir à ménager le contribuable. Sage équilibre de la terreur, qui est celui de la démocratie.

Il y a d'ailleurs quelque étonnement à voir que la seule stratégie politique qu'adoptent les fédéralistes est l'évitement. Au lieu de valoriser les transferts de souveraineté et l'intérêt qu'ils représentent pour le pays – il y en a quand même –, ils les minorent en affectant de les considérer comme secondaires. Le seul débat véritable sur ces questions, en France, a eu lieu avant le référendum sur le traité de Maastricht, en septembre 1992. Cette fois-là, tout le monde est sorti du bois, parce qu'il fallait bien convaincre l'électeur, et non pas l'enfumer.

Pourtant, quand bien même les partisans de l'Europe intégrée se décideraient à sortir les vraies armes du débat, un tel référendum serait aujourd'hui beaucoup plus délicat pour eux que vingt ans plus tôt. Il y a, dans la vie des sociétés, des cycles idéologiques. À l'évidence, une période libérale s'achève avec la crise. Née dans les années 1960, dans la société elle-même, portée par la génération des baby-boomers en révolte contre l'ordre imposé par la génération qui la précédait, l'onde libérale s'est transmise à l'économie, dans les années 1980, de façon quasi universelle. Comme toujours, elle s'est traduite à la fois par de l'endettement excessif et par une phase de mondialisation, deux phénomènes résultant de la même cause : l'abaissement des frontières, cette volonté de supprimer les limites, qui est le fondement du libéralisme dévoyé que nous avons expérimenté. La construction européenne a profité de cette puissante vague idéologique, elle s'en est servie comme moteur. Elle est d'ailleurs portée par la même génération, celle des libéraux : les avancées de l'Europe et celles du libéralisme coïncident presque parfaitement sur le plan chronologique, avec le temps fort des années 1980, lorsque Jacques Delors a mis en place le marché unique, quand la Commission faisait la promotion de la concurrence au détriment de l'organisation des marchés – ce n'est pas Delors qui est ici en cause, car il s'est fréquemment opposé aux outrances du commissaire britannique concerné, Leon Brittan. La suppression des frontières était un programme à la fois européen et libéral. Le marché unique n'était-il pas, dès le début, conçu comme une forme régionale de la mondialisation, comme une propédeutique du monde nouveau qui pointait alors ? Cette simultanéité s'observe à notre époque, mais aussi entre les deux guerres, dans les années 1920 qui voient apparaître en même temps l'idée moderne d'Europe et la tentative de reconstruire l'ordre libéral économique qui prévalait avant 1914.

Comme toujours, les périodes libérales se terminent par un krach, une correction violente comme en 1929, ou une longue crise de langueur comme à la fin du XIXe siècle, les deux phénomènes ayant pour fonction de purger les excès financiers. À l'époque contemporaine, c'est 2009 qui sonne la fin des libertés excessives, alors que la génération des baby-boomers se croit encore au plus haut de son emprise sur la société, mais qu'elle a déjà commencé à décliner. Insensiblement, les valeurs de nos sociétés se retournent. En réalité, le mouvement avait été engagé dès le milieu des années 2000, dans certaines couches de la société – pas chez les élites, qui sont souvent en retard sur les mouvements idéologiques, parce qu'elles profitent du système qu'elles dirigent et parce qu'elles cherchent à préserver leur rente, de façon fort explicable. Et peut-être le krach de 2009 n'est-il que la conséquence, et non pas la cause, du gigantesque retournement idéologique qui est à l'œuvre, et dont nous ne percevons encore que les premières manifestations. Retour de l'État, de la frontière, de la nation – autant de valeurs « ringardes » il y a vingt ans, qui se substituent insensiblement aux commandements libéraux. À la liberté, les peuples semblent désormais préférer la protection, comme s'ils étaient lassés de l'ouverture. Là encore, il faut y voir la montée en puissance d'une génération nouvelle qui, comme celle qu'elle va remplacer, se détermine en prenant le contre-pied de celle qui l'a précédée.

Comment faire accepter de nouvelles avancées de la construction européenne à des opinions publiques de plus en plus rétives à faire disparaître les frontières ? Quels avantages du fédéralisme faire valoir aux yeux des peuples, dans un univers où la mondialisation a exacerbé les particularismes ? Comment expliquer aux électeurs que, quand bien même l'euro a provoqué l'une des catastrophes financières les plus sérieuses du siècle, il faut aller de l'avant et poursuivre l'intégration ? Combien de temps la France, l'Allemagne, les Pays-Bas, la Finlande pourront-ils éviter un référendum pour conforter de tels changements politiques profonds, au risque de se voir infliger un « non » tonitruant, comme en 2005, lorsque les électeurs français et néerlandais ont refusé l'adoption du projet de Constitution européenne ?

Personne ne conteste la noblesse des idéaux fédéralistes. Il y a une forme d'humanisme dans cette pensée qui fonde l'organisation de la société continentale sur ce qui rapproche les hommes, et non sur leurs différences. Il y a une part de rêve aussi, celui de nos lointains prédécesseurs, meurtris par les guerres et l'animosité entre les peuples. Mais l'esprit des temps n'est plus là. Il nous faut en prendre acte. À maintenir coûte que coûte l'objectif fédéral, les dirigeants européens prennent le risque d'ajouter aux difficultés financières et économiques des obstacles politiques insurmontables. Ils s'exposent à voir les peuples rejeter, avec le fédéralisme et l'euro, l'Europe elle-même. Et à déclencher un repli national qui n'aurait rien de paisible. Pour avoir poursuivi à contretemps le rêve de nos grands-parents, nous tomberions dans les travers qu'ils ont connus.

CHAPITRE 4

La guerre des générations

Résumons. Le sauvetage de l'Europe du Sud ne marche pas. L'austérité mise en œuvre en Italie et en Espagne aggrave la conjoncture, au moment même où nombre d'indicateurs mondiaux repartent à la baisse. La sortie par le fédéralisme est impraticable. En clair, l'union monétaire est un bâtiment en feu dans lequel il n'y a aucune issue de secours, comme l'a dit un méchant commentateur britannique. Méchant, mais lucide.

Dans une situation aussi sérieuse, il faudrait à l'Europe un gros coup de chance. La chance ne résout pas les problèmes, mais elle les apaise. Elle permet d'échapper à la réalité, de gagner du temps. Une reprise économique aux États-Unis nous offrirait une telle opportunité. La croissance repartant, le dollar remonterait de façon significative, ce qui dévaluerait l'euro de façon symétrique. Les pays en croissance aimantent en effet l'argent. Capitaux internationaux à la recherche de rentabilité, tout d'abord, et capital national, qui s'expatrie durant les récessions et revient à la maison lorsque la conjoncture s'améliore. On a vu ce phénomène en 1997-2000, lorsque l'Amérique était le centre de la « nouvelle économie ». Elle attirait non seulement l'argent des épargnants de la planète, désireux de participer au mirage des start-up, mais encore celui des grandes entreprises mondiales de la « vieille économie », qui voulaient elles aussi prendre pied outre-Atlantique pour profiter de la croissance perpétuelle et autres balivernes vendues par les Américains, et les grandes banques d'affaires en particulier. C'est à cette époque que les benêts allemands de Daimler-Benz achètent à grands frais Chrysler – l'une des opérations les plus désastreuses de l'histoire de l'industrie automobile. C'est alors aussi que les benêts français de Vivendi, héritiers de la séculaire Générale des Eaux, rachètent Universal – là encore, l'une des fusions les plus regrettables et les plus mal exécutées du capitalisme français.

Ces mouvements de capitaux considérables, aussi stupides que soient leurs motivations, contribuent à faire respirer l'économie mondiale, en transmettant la reprise d'un continent à l'autre, un peu comme les courants océaniques tempèrent le climat.

En 1999-2000, sous l'effet de cette puissante vague d'amour pour l'Amérique et ses chimères, l'euro tombe jusqu'à 0,83 dollar. C'est-à-dire un taux de change de 30 % inférieur à ce qu'il est aujourd'hui. C'est un formidable cadeau pour l'Europe, qui profite d'années éblouissantes grâce à une compétitivité améliorée sur les marchés étrangers. Les exportateurs ont en réalité le choix entre vendre à meilleur prix grâce à la dévaluation de l'euro, ce qui stimule la demande, ou bien conserver leurs prix en dollars, pour améliorer leurs marges. Un taux de change est fort utile, car il aide à réguler la conjoncture. Le fait d'en être privés, à l'intérieur de l'Europe, explique en partie nos difficultés.

Si l'euro redescendait aujourd'hui jusqu'à ces niveaux, la crise subirait une sérieuse défaite. La compétitivité de l'Europe du Sud serait améliorée, sans efforts, de 30 %. En réalité, il y a toujours des pertes en ligne, car la dévaluation renchérit le prix des importations, notamment le prix de l'énergie ; les exportateurs ne profitent donc pas mécaniquement de la totalité de la baisse du change, tout dépend du contenu en importations de leurs produits. Un tel stimulus serait bien plus efficace que le pseudo-plan de relance de 120 milliards adopté à la fin de juin. Il permettrait d'assainir les comptes vigoureusement sans craindre de tuer l'économie, puisque la demande extérieure prendrait le relais de la demande intérieure affaiblie par l'austérité budgétaire. Avec un peu de bon sens, les gouvernements de la zone euro en profiteraient pour prendre des mesures de compétitivité plus durables. Grâce à la croissance et aux recettes fiscales qu'elle génèrerait, le montant de la dette serait stabilisé. Et sa part mesurée en points de pib, c'est-à-dire par rapport à la richesse nationale, diminuerait. Une double victoire.

Le seul problème de ce scénario, c'est qu'il est fort peu probable. D'abord parce que la reprise n'est pas solide aux États-Unis. L'Amérique végète, malgré le plan de relance de 700 milliards de dollars déclenché juste avant l'élection de Barack Obama. Le redémarrage de la croissance est freiné par la persistance d'un marché immobilier convalescent et le « surplomb » de la dette excessive accumulée jusque dans les années 2000, qui n'est pas encore résorbée. Le niveau de chômage était toujours supérieur à 8 % à l'été 2012, et encore ce chiffre ne tient-il pas compte de l'extraordinaire contraction de la population active au travail qu'ont connue les États-Unis depuis la crise. En cinq ans, plusieurs millions de travailleurs ont purement et simplement quitté le marché du travail, découragés de la recherche d'emploi. Jamais on n'a constaté une telle inflexion depuis la guerre. Selon l'analyste John Mauldin, l'Amérique devrait connaître une longue période de croissance molle, le temps de purger ses excès. Et elle va se trouver, elle aussi, face au mur de la dette, à la fin de l'année 2012 ou au début de 2013, lorsqu'elle aura atteint le plafond des engagements fédéraux autorisés.

Certes, une dévaluation de l'euro pourrait se produire pour d'autres raisons. Une aggravation de la crise de confiance, par exemple. On a vu poindre cette possibilité au premier semestre 2012, lorsque les capitaux ont en partie quitté l'euro pour se réfugier sur le franc suisse ou la couronne suédoise, qui se sont fortement appréciés. Mais il faut compter avec le facteur allemand. L'Allemagne inspire jusqu'ici confiance, c'est son principal actif. Elle ne le laissera pas filer ainsi, sauf à prendre le risque de voir la population se retourner violemment contre l'euro et l'Europe, et demander une sortie de l'union monétaire. Si une vraie crise de confiance se déclenchait, quelle que soient les conséquences indirectes positives pour les Sudistes, la Bundesbank, banque centrale fédérale allemande, exigerait une remontée des taux d'intérêt de la BCE pour limiter la dégringolade monétaire. Action qui neutraliserait l'effet stimulant du change, en renchérissant le prix des crédits dans la zone.

Reprenons à nouveau. La situation de l'euro est grave, les issues impraticables, et nous n'avons que peu de chances d'avoir de la chance. Alors, que faire ?

Le problème est en réalité assez simple. Il y a deux contraintes incompatibles, et deux seulement, pour les pays d'Europe du Sud : il n'est pas possible d'avoir à la fois une dette élevée et un taux de change surévalué. La Grèce, le Portugal, l'Espagne, et peut-être l'Italie, vont devoir choisir entre leurs créanciers et l'euro. S'ils veulent rester dans l'union monétaire européenne, il leur faudra faire faillite, au moins de façon partielle. Refusant la flexibilité du change pour des raisons politiques, ils devront retrouver des marges de manœuvre en allégeant le service de leur dette. Encore une fois, ces pays sont dans une situation très voisine de l'Afrique francophone il y a vingt ans, collée avec le franc CFA et passant d'un plan d'ajustement à un autre.

Ce mouvement a été engagé en 2011 avec la réduction de 100 milliards de la dette grecque. Il va très probablement se poursuivre, à mesure que le déni de réalité deviendra de plus en plus difficile pour les dirigeants. Le MES, Mécanisme européen de stabilité, qui doit entrer en vigueur cette année, prévoit d'ailleurs des clauses d'action collective, c'est-à-dire des procédures de faillite d'un État dans la zone euro. L'éventualité d'une faillite d'un État nous semble calamiteuse parce que nous l'apprécions à l'aune des dernières décennies, où il n'y a pas eu de telles banqueroutes en Occident. Il faut quand même se souvenir que le Royaume-

Uni n'a évité le défaut de remboursement, dans les années 1970, que grâce à l'intervention du Fonds monétaire international, dépêché en urgence à Londres. Et que la France au XXe siècle, si elle n'a pas connu de faillite technique, a quelque peu malmené ses prêteurs grâce à l'inflation. Cela ne date pas d'hier. En juin 1928, Poincaré rétablit la stabilité financière du pays au prix d'une dévaluation de 80 % de la monnaie nationale, qui sera surnommée après l'opération « le franc à quatre sous ». Il euthanasie littéralement les rentiers, qui voient leur patrimoine divisé par cinq, et avec lui la dette de la République. L'histoire économique est jonchée des cadavres de créanciers de l'État, à toute époque et dans à peu près tous les pays.

Le sauvetage des pays européens est une comédie qui se déroule sur deux plans parallèles. Sur la scène, les acteurs officiels s'invectivent ou s'embrassent selon les rebondissements, tel ou tel Premier ministre, le patron de la BCE, celui de la Commission européenne, la directrice générale du Fonds monétaire. Mais c'est en coulisses que se déroule le combat véritable, celui qui oppose le contribuable au rentier pour savoir qui des deux paiera la facture effroyable de la crise. Jusqu'ici, le contribuable s'est fait tondre avec les plans d'austérité. Il a assumé la quasi-intégralité du coût de la crise, avec l'assentiment de la totalité des gouvernements et des institutions internationales. Les créanciers ont réussi le tour de force de nationaliser les dettes privées irrécouvrables, en les faisant transférer au bilan de l'agent économique le plus solide, l'État. À cause de la crise financière, la dette des États développés a progressé de 30 points de pib. Sur le plan moral et sur le plan économique, c'est non seulement un scandale, mais une aberration. Que le contribuable paie sa part, c'est légitime. Après tout, il a lui aussi profité des déficits gouvernementaux, sous la forme de baisses d'impôt et de transferts d'argent public non financés. Mais est-il normal que le monde de la finance, celui des prêteurs, ait été aussi peu sollicité ?

Certes, ce monde est très hétérogène, puisqu'il regroupe à la fois le banquier qui gagne des millions sans risque personnel et le père de famille qui épargne et a placé son argent en assurance-vie. Il y a aussi des pauvres chez les créanciers, tous n'ont pas la même responsabilité dans le désastre actuel. Reste qu'on ne réglera la crise qu'en déplaçant le curseur en faveur des contribuables au détriment des créanciers. Il nous faut à nouveau euthanasier les rentiers, pour nous libérer du fardeau que constituent des dettes excessives. Si le contribuable doit assumer une part des crédits inconsidérés, le prêteur n'est pas exempt de toute responsabilité. Il doit payer, lui aussi. Sur le plan moral, c'est plus juste. Et sur le plan économique, plus efficace. À choisir entre la croissance et la préservation du capital, c'est en faveur de la première qu'il faut arbitrer. Lorsqu'un individu est surendetté, lorsqu'une entreprise ploie sous les engagements, un tribunal les libère d'une partie de leur dette tout en les sermonnant pour que les apparences soient sauves. Et les créanciers rentrent chez eux en vitupérant. Ils passent leurs pertes dans leurs bilans en serrant les dents, et tout le monde repart : ainsi va le capitalisme depuis des siècles. Ce qui vaut pour les individus et les entreprises vaut bien sûr pour les États. Les dettes excessives sont faites pour être oubliées, elles perdent leur légitimité avec le temps. Dans la tradition juive, on efface la dette tous les quarante-neuf ans, lors du jubilé. Un demi-siècle, c'est assez pour gagner de l'argent sur l'argent, il ne saurait y avoir de dettes éternelles et de rente perpétuelle.

Comment faire pour pratiquer une sorte de jubilé européen ? Les techniques existent. La « restructuration » tout d'abord, euphémisme par lequel on désigne l'annulation pure et simple de la dette, comme le Club de Paris l'a fait pendant des décennies pour ceux qu'on appelait les pays « sous-développés ». L'allongement de la maturité ensuite, c'est-à-dire de la durée de l'emprunt, qui revient à passer par pertes et profits une partie de la dette, à cause de l'inflation durant la période d'extension. Puis la période de grâce, qui permet au débiteur de suspendre, et donc de différer de plusieurs années, le versement des intérêts. L'annulation des intérêts enfin, qui permet de concentrer les paiements sur le remboursement du capital.

La difficulté de l'opération ne réside pas dans la technique, mais dans les obstacles qui vont se dresser sur la route de ceux qui tenteront de l'entreprendre. Et tout d'abord l'incroyable résistance de la finance, qui ne veut évidemment pas assumer un poids dont elle est pourtant en partie responsable. Quand on la regarde de près, l'affaire grecque est édifiante. En apparence, ce sont les créanciers qui ont perdu 100 milliards d'euros après le second plan d'aide, en 2011, qui annulait une partie de la dette. Mais nombre de ces créanciers étaient des banques européennes, grecques notamment, qui étaient détentrices d'obligations émises par Athènes. La réduction de la dette gouvernementale a creusé des pertes dans leur bilan et mangé leurs fonds propres. Il a donc fallu qu'elles reconstituent ce matelas de sécurité, ce qui n'était pas possible en faisant appel au marché financier, puisque les actionnaires avaient perdu toute confiance dans leur capacité à se rétablir seules, sinon à des conditions financières extrêmement humiliantes. Elles se sont donc tournées… vers l'État pour être recapitalisées, qui lui-même obtenait son argent de la communauté des États de la zone euro, et vers la banque centrale grecque pour obtenir les liquidités destinées à compenser les retraits massifs des épargnants effrayés ! On croyait frapper la finance sans visage, c'est le contribuable qu'on a atteint une nouvelle fois, au moins en partie.

Les banquiers profitent d'un rapport de forces inversé, celui du terroriste kamikaze qui menace de faire sauter le bus avec lui s'il n'obtient pas la satisfaction de ses revendications. Les banques elles-mêmes se disent trop importantes pour faire faillite, et c'est bien ainsi qu'elles sont vues par les dirigeants mondiaux. Que l'une d'entre elles tombe et tout le système serait menacé, à cause du maillage serré d'engagements financiers croisés qui font résonner le moindre sinistre sur toute la planète. La mondialisation est l'origine de la plus grande des vulnérabilités de la finance, mais aussi sa meilleure assurance-vie, parce qu'elle garantit que les gouvernements mobilisent leurs ressources en cas d'accident. Les deux caractéristiques s'entretiennent mutuellement. Plus l'assurance est solide, plus les financiers font des bêtises, car ils ont la quasi-certitude de ne pas être punis. Au pis, les dirigeants d'une banque fautive partent avec quelques millions, voire dizaines de millions d'euros, prendre une retraite dorée dans un paradis fiscal. Et plus les bêtises sont dangereuses, plus il faut une assurance solide, à cause des dégâts qu'elles provoquent chez les autres. C'est le tour de passe-passe de la finance, qui a réussi à nous faire croire qu'elle fournissait un bien commun aussi précieux que l'eau ou l'électricité, alors qu'elle est largement conduite pour le plus grand profit d'une poignée de rentiers dont l'utilité collective est très discutable.

Les tentatives de régulation ébauchées par les dirigeants mondiaux du G20, en novembre 2008, sont évidemment des billevesées, faites pour abuser le bon peuple. Peut-être les dirigeants y ont-ils cru eux-mêmes, ce qui serait encore plus grave. La réalité est tout autre. Jamais l'emprise de la finance sur nos gouvernements n'a été aussi forte qu'aujourd'hui, après la crise, à cause de ce chantage à la grenade. Jamais les marchés financiers n'ont été aussi peu régulés qu'aujourd'hui, avec l'extraordinaire montée en puissance des *dark pools*, ces bourses parallèles qui captent désormais l'essentiel des volumes, et le trading à haute fréquence, qui compte pour la majorité des transactions sur les bourses officielles et qui n'a aucune utilité pour l'économie réelle.

Les projets de séparation entre les banques d'affaires et les établissements de dépôt avaient pour finalité de cloisonner les risques, en évitant la contagion. Mais ils n'avancent guère et, dans une économie mondialisée, il n'est pas sûr qu'ils créent le rempart suffisant pour mettre à l'abri l'épargne des citoyens et les ressources du contribuable. La vraie solution, beaucoup plus ambitieuse et plus efficace, à laquelle on arrivera probablement après une nouvelle série de sinistres qui mettra en péril les finances publiques des États, c'est la « nationalisation » de la finance. Il s'agit non pas de collectiviser la propriété du capital des banques, mais de limiter le périmètre géographique de leurs opérations. Plus la finance est mondialisée, plus les occasions de profits et de pertes sont importantes. Or, on ne peut limiter les risques que si on limite, dans le même temps, les possibilités de profits. Une nouvelle fois, c'est du simple bon sens.

Le lobby des banques et leur résistance à quitter la table du banquet dissimulent pourtant un autre phénomène bien plus important et beaucoup plus difficile à vaincre : la puissance des détenteurs de capitaux et leur influence sur les décisions politiques. Lorsqu'il a fallu piocher dans la poche des rentiers dans l'entre-deux-guerres, c'était assez simple au niveau politique, car il s'agissait d'un groupe sociologique circonscrit. Rares étaient, à l'époque, ceux qui vivaient de leur épargne financière. Dans nos sociétés, les rentiers sont beaucoup plus nombreux, avec l'essor des produits financiers. Pour l'essentiel, le patrimoine est concentré chez les plus de 50 ans. D'abord parce qu'il faut du temps pour accumuler, ensuite parce que l'âge où l'on profite d'une succession s'est sensiblement avancé, grâce à l'allongement de la durée de la vie : on hérite de plus en plus tard.

En France, selon les chiffres de l'INSEE, le patrimoine d'un ménage dont le chef de famille a 30 ans est de 32 500 euros, soit dix fois moins que celui des Français âgés de 60 à 69 ans, en moyenne de 354 000 euros.

Toutes ces classes d'âge au-dessus de 50 ans, de plus en plus nombreuses en Europe, tiennent à leur capital parce qu'il assurera leurs vieux jours, disent-elles. Elles rejettent massivement l'inflation, qui érode les revenus de l'épargne et les retraites, autre forme de rente. Si elles ont à faire un choix entre la préservation du capital et la croissance, nul doute qu'elles ne se prononcent pour la première. Leur monde idéal est celui où l'on dispose d'une monnaie forte, parce que cela permet de voyager pour pas cher. Et où les dettes sont payées, parce que cela finance les rentes et les retraites. Bienvenue dans le monde de l'euro, fait par les vieux, pour les vieux, et dirigé par « Vieuxland », le pays où les jeunes ont (presque) disparu, l'Allemagne.

Sur la scène de la crise de l'euro, les chefs d'État et de gouvernement jouent donc chacun leur rôle compassé et prévisible. Une intrigue plus intéressante se joue dans les coulisses, avec la bataille de l'épargnant et du contribuable, qui tentent de se refourguer les milliards de dette. Et derrière les coulisses du théâtre, il est un autre lieu, encore plus secret : celui de la guerre des générations, qui oppose les détenteurs de capitaux à ceux qui n'en ont pas. Et c'est là que se joue le destin de l'euro.

Le conflit d'intérêts entre les générations est aussi ancien que l'humanité elle-même. La nouveauté de notre époque, c'est le poids relatif important des classes d'âge vieillissantes et la complaisance des dirigeants politiques à leur égard. Elles sont de plus en plus nombreuses. Elles tiennent donc les leviers du pouvoir dans l'entreprise et dans le monde politique, et rechignent à les lâcher car, contrairement aux classes qui les ont précédées à cet âge, elles sont en pleine forme physique. Elles détiennent le capital immobilier et financier. Et elles sont les plus nombreuses à voter, à la fois parce qu'elles en ont l'habitude et parce qu'elles ont plus à protéger que les jeunes.

C'est par la guerre des générations qu'il faut expliquer l'incroyable entêtement de la Grèce à rester dans l'euro. Comme toute l'Europe du Sud, le pays vieillit à vue d'œil, la fécondité y a chuté de façon abrupte au moment du décollage économique, il y a trente ans. Les classes d'âge entre 20 et 30 ans sont encore nombreuses, elles sont au chômage – près de 50 % de sans-emploi pour les jeunes actifs – dans l'indifférence. Une monnaie forte est parfaitement incompatible avec l'histoire et la culture économique du pays. Qui peut penser une seconde que les Grecs vont devenir des Allemands, mettre sur pied des usines, travailler patiemment l'innovation et le consensus social ? La situation est similaire en Espagne, où l'on retrouve à peu près la même pyramide démographique, et un chômage des jeunes considérable. Là encore, la classe qui détient l'épargne et le pouvoir arbitre en faveur de la préservation de la valeur de la monnaie et contre l'emploi. Elle profite d'une monnaie qui lui permet d'acheter à bon prix les produits importés et d'un système de garantie internationale qui place son épargne sous la protection implicite de la Bundesbank.

L'euro, c'est le coup de force des vieux contre les jeunes. Vieux du Sud et vieux du Nord unis, par-delà les différences de culture, dans la sanctuarisation de la monnaie. Et qui ambitionnent de transformer l'Europe en une grande Allemagne pour échapper au destin patrimonial funeste qui leur est habituellement réservé dans leurs pays.

Cette génération, qui a été à l'origine de la conception de la monnaie unique européenne et qui bloque aujourd'hui la résolution de la crise, est justement la génération libérale, celle des baby-boomers. C'est elle qui a déclenché, vingt ans après la guerre, l'onde révolutionnaire qui s'est développée sur la planète entière, à partir des mouvements étudiants de 1968-1969, en réaction contre l'ordre social imposé par ses pères. C'est elle encore qui a libéralisé l'économie dans les années 1980, privatisé, déréglementé, assoupli, mondialisé, au nom du laisser-faire économique, réputé plus fécond pour le bien du plus grand nombre. C'est toujours elle qui a provoqué un boom massif de l'endettement mondial, pour accroître son capital et son confort. Elle a profité de l'inflation quand elle n'avait pas d'épargne, dans les années 1970, et a retourné le consensus mondial dès qu'elle a commencé à accumuler, en faisant de la hausse des prix le mal absolu. Elle a non seulement consommé son dû, mais hypothéqué les ressources des années à venir, avec cette dette que les nouvelles classes d'âge poussent comme le rocher de Sisyphe. Dette qui sanctionne les engagements intenables qu'elle a imposés à ses successeurs : droits à la retraite, pas d'inflation et monnaie forte. À mesure qu'elle sent la force la quitter, elle voudrait que le système lui-même grave dans le marbre les dispositions qui lui conviennent le mieux.

En 1968, cette génération vorace manifestait dans les capitales européennes, communiant dans le refus de l'ordre établi. Cinquante ans plus tard, en 2008, au plus noir de la crise, elle ferraillait encore pour le libéralisme économique et financier. « Il est interdit d'interdire », n'est-ce pas le slogan à la fois des soixante-huitards libertaires et des « deux-mille-huitards », ces banquiers qui récusent toute régulation ? Notre crise actuelle est le chef-d'œuvre de la génération libérale, c'est l'aboutissement ultime de son projet.

Certes, la génération libérale s'est épanouie dans le monde entier, et pas seulement en Europe. Elle a fleuri notamment dans les pays anglo-saxons qui, comme souvent, ont été précurseurs, en donnant le ton idéologique. Ce conflit d'intérêts entre deux vagues démographiques successives n'est donc pas propre à l'Europe. Il existe aux États-Unis et au Royaume-Uni, tous deux perclus de dettes, pour les mêmes raisons, et désormais engagés dans la fuite en avant monétaire, avec un peu d'avance sur nous. Chez nous, la génération des goinfres a choisi l'intégration européenne, là encore pour prendre le contre-pied de ceux qui l'ont précédée, en faisant la guerre. Et elle l'a asservie aux objectifs de sa classe d'âge : l'augmentation de la liberté, des ressources et du confort grâce à l'endettement.

Il faudra donc, pour sortir de la crise de l'euro, relever les jeunes des « obligations », dans les deux sens du terme, qui chargent leurs épaules. Cela ne se fera qu'à la longue, après d'innombrables tentatives des maîtres d'aujourd'hui pour empêcher qu'on ne brise ce tabou et pour nous faire revenir au monde d'avant, celui qui protège leurs rentes. C'est précisément pour cela que les crises sont longues à régler. Il ne s'agit pas des difficultés techniques, qui ne sont invoquées que pour enfumer les citoyens. Si l'on ne parvient pas à mettre en œuvre les solutions simples et radicales, c'est à cause des conflits d'intérêts, en particulier ceux de la génération qui dirige nos pays. Pour résoudre une crise, il faut tout bonnement attendre que cette génération disparaisse et qu'une autre pointe pour la remplacer, sans les mêmes préjugés, sans les mêmes intérêts. La relève des classes d'âge est à la fois inexorable, très lente et extrêmement puissante pour transformer une société. Mais, cette fois-ci, c'est plus long que d'habitude, à cause d'un phénomène qui n'est jamais arrivé dans l'histoire : l'étirement de la durée de la vie en bonne santé.

Cette solution a été mise en œuvre dans un petit pays d'Europe septentrionale, l'Islande, qui a été le laboratoire de la répudiation de la dette. Durant les années 2000, ce minuscule État a connu un succès foudroyant, en très large partie artificiel, parce que dû à une bulle spéculative sans précédent, lorsqu'on en rapporte la taille à celle du pib national. Le bilan des quelques banques locales, gonflé par un endettement inconséquent, faisait du pays l'un des plus riches au monde. À l'automne 2008, il subit la violente secousse qui se propage sur la planète, après la faillite de Lehman Brothers. Les pertes qu'enregistrent alors les trois grandes banques locales les mènent rapidement à la crise de liquidité. Quelque 4 milliards d'euros avaient été déposés dans ces établissements par des épargnants britanniques et néerlandais, attirés par les rendements élevés que leur proposaient les « nouveaux Vikings », comme on appelait les financiers de l'époque, et largement hypothétiques puisqu'ils étaient nourris par un endettement toujours croissant. Du jour au lendemain, les banques se trouvent dans l'incapacité totale de restituer l'argent déposé chez eux.

Au lieu de renflouer ces navires échoués, le gouvernement exproprie les actionnaires et nationalise le secteur financier. Et il refuse purement et simplement de rembourser à l'étranger les 4 milliards dus, qui pèsent pour 40 % du pib islandais. L'affaire provoque une sérieuse crise politique ; elle est même portée devant le peuple qui, par référendum, confirme le non-remboursement de ces dettes qu'il juge illégitimes, en avril 2011, malgré le contentieux avec les Bataves et les Britanniques. Ce sont les États du Royaume-Uni et des Pays-Bas qui indemniseront eux-mêmes leurs citoyens floués, en désespoir de cause.

L'Islande s'en porte évidemment beaucoup mieux. C'est, à ce jour, le seul pays d'Europe occidentale qui a retrouvé la croissance après une chute du pib de plus de 11 % sur deux ans. Le chômage y est bien inférieur à la moyenne européenne. La dette publique est non seulement stabilisée, mais en voie de diminuer lorsqu'on la mesure par rapport au pib.

La résurrection islandaise s'explique certes en partie par la répudiation de ces 4 milliards, mais aussi par une très forte dévaluation de la monnaie, qui a chuté de moitié, permettant de relancer les exportations, en particulier l'aluminium et la pêche, qui compte pour la moitié des exportations. À cause de cette dévaluation – ce n'est pas un remède miracle –, le niveau de vie a considérablement baissé. Depuis, la couronne islandaise a regagné un peu du terrain perdu, car les capitaux sont revenus en Islande. Non seulement la rupture des engagements internationaux n'a pas pénalisé longtemps le pays, mais le retour de la croissance a redonné des couleurs, aux yeux des investisseurs, à ce petit État.

Le cas islandais n'est pas complètement transposable, car il est évidemment plus facile d'obtenir un consensus politique national lorsqu'on spolie les épargnants étrangers que si l'on s'en prend au bas de laine des électeurs du pays concerné. Dans la zone euro, l'intrication du système financier est telle qu'une décision de cette nature, allégeant la dette des pays d'Europe du Sud, aurait immanquablement des conséquences sur les comptes bancaires de tous les pays. Qui sait exactement ce que recèlent nos assurances-vie, l'un des produits d'épargne les plus populaires ?

La situation européenne est donc plus délicate. D'autant que, après l'inévitable restructuration de la dette du Sud, la crise de l'euro ne sera pas terminée. Rappelons que la dette est une conséquence de la crise, et non pas sa cause. Si elle a grimpé, en effet, c'est à cause de l'impunité dont ont profité les gouvernements des années 2000, sous le couvert des premières années euphoriques de la monnaie unique, mais aussi à cause des déficits extérieurs des pays méridionaux. Il ne s'agit pas ici de comptes budgétaires, mais de l'autre solde essentiel dans la conduite des affaires économiques d'un pays : la différence entre tout ce que l'on achète à l'étranger et tout ce qu'on y vend – biens, services, paiements d'intérêts.

Un solde extérieur négatif signifie, *grosso modo*, qu'on consomme plus qu'on ne produit. Et il se traduit mécaniquement par l'endettement des agents économiques nationaux, l'État, les entreprises ou les particuliers, pour financer l'impasse. Dans les pays à fort taux de socialisation comme la France, c'est l'État qui s'endette et qui redistribue. Dans les autres, en Espagne par exemple, cela peut être les entreprises et les particuliers. La différence est ténue, car les dettes excessives, non remboursées, finissent pour la plupart dans le bilan des États, notamment par le jeu des recapitalisations bancaires financées par la puissance publique, c'est-à-dire par le contribuable, et par les systèmes de compensation entre banques centrales.

Un déficit extérieur permanent détériore donc les fondamentaux du pays, il signale un déséquilibre. En principe, ce déséquilibre se corrige par une baisse du change, une dévaluation, qui va améliorer la compétitivité des exportations et renchérir les importations, jusqu'à ce que le solde atteigne zéro. C'est ce qu'a fait l'Islande. La dévaluation de la couronne a été l'un des éléments clés de sa résurrection. Mais, à l'intérieur de la zone euro, il n'y a pas de taux de change. Il subsiste donc des écarts de solde extérieur très importants.

Ces déséquilibres se sont réduits en 2011 et 2012, avec les plans de rigueur en Europe du Sud. On a même vu l'Espagne et le Portugal en excédent commercial, au début de l'année. Le chômage et la baisse des salaires, concentrée une fois encore sur les jeunes, nouveaux entrants sur le marché du travail, dont les salaires sont plus flexibles que ceux des adultes en poste, ont produit leurs effets. Dans certains pays, le salaire des jeunes a chuté de près de 30 %. C'est évidemment une façon de réduire le coût du travail. Mais dans le même temps l'investissement s'est effondré, les services publics se dégradent, la cohésion sociale est mise à l'épreuve. La « dévaluation intérieure » pratiquée au sud de la zone euro laissera de graves séquelles sur le tissu productif et le tissu social des Méridionaux.

Quand bien même une partie de la dette serait effacée, il faudrait donc poursuivre le travail d'amélioration de la compétitivité, en faisant monter en gamme les productions européennes et en serrant les coûts du travail, faute de quoi les causes de la crise persisteraient, et produiraient à nouveau les mêmes conséquences. C'est dire le travail de titan qui attend l'Europe du Sud si elle veut préserver l'euro. Y sommes-nous prêts ? Une telle opération engendrera une souffrance sociale mal répartie, car elle frappe d'abord les moins bien qualifiés, les plus démunis et les jeunes. Plus prosaïquement, c'est l'inaptitude culturelle de l'Europe du Sud à l'entreprendre qui est frappante. Peut-être faut-il justement sur ce critère ranger la France aux côtés des Méridionaux. Pendant des décennies, dans ces pays, le seul mode de régulation de la compétitivité a été la dévaluation de la monnaie. Elle permettait à la fois de reprendre d'une main ce qu'on donnait de l'autre – hausses de salaires et droits sociaux – et de préserver un équilibre entre les générations, en faveur des jeunes, en faisant fondre la dette au détriment des créanciers, c'est-à-dire en finançant l'investissement au détriment des épargnants. Au Nord, l'autre modèle est rigoureusement contraire. On y travaille patiemment les réglages de la compétitivité avec de longues négociations sociales où l'Etat n'intervient guère – c'est le fameux modèle social rhénan. C'est lui qui a produit les excédents néerlandais et allemands.

Comment peut-on imaginer changer le logiciel culturel, social et politique de l'Europe du Sud pour arriver à copier les régulations sociales des pays où l'hiver embrume les usines dès le mois d'octobre ? Une telle transformation est très peu probable, à l'échelle d'une vie humaine. Et c'est le principal obstacle à la survie de l'euro, par-delà les questions de dettes, qui ne constituent que l'écume des problèmes. Obstacle qui était présent dès le début du projet, car ces différences ne datent pas d'hier. Obstacle qui semble insurmontable, si ce n'est au prix d'une victoire définitive des générations vieillissantes sur les autres, au Sud, à la faveur de ce moment unique dans l'histoire démographique de la planète : l'allongement de l'espérance de vie. Et au prix d'un exil des jeunes en dehors de l'Europe – il est déjà massif en Irlande, en Espagne, au Portugal, en France. Les classes d'âge anciennes se trouveraient alors avec un capital sans contrepartie et donc, finalement, sans rémunération. Sinistre fin pour cette génération, parvenue jusqu'ici à échapper à la facture de son intempérance.

Reste le cas de la France. Pour nous, le bilan de la monnaie unique est ambigu. Les taux d'intérêt demeurent encore très bas, voire nuls. Pour un pays qui subit le poids d'une dette dont la valeur s'approche de la richesse créée en un an (1 800 milliards d'euros de dette, pour un pib de 2 000 milliards), c'est un atout précieux, qui empêche le service de la dette de manger toute marge de manœuvre budgétaire. La France est le seul pays, en dehors de l'Europe du Nord, à disposer de cet avantage. En réalité, c'est le seul pays à l'avoir *gagné*, avec l'euro. Car elle ne l'avait pas il y a vingt ans. Tous les autres, Espagne et Italie en tête, ne l'ont obtenu que de façon momentanée, durant les années d'oubli collectif, pendant la décennie 2000 et avant la crise.

À l'inverse, l'euro est probablement surévalué pour l'industrie française. En témoigne notre déficit commercial de 70 milliards d'euros en 2011, record absolu, que la balance des invisibles, à savoir les prises en compte des services, vient un peu tempérer pour porter le solde global à une quarantaine de milliards, soit 2 % du pib. Que nous ayons des coûts pénalisants – c'était le diagnostic du candidat sortant à l'élection présidentielle de mai dernier, Nicolas Sarkozy – ou des produits dont la gamme n'est pas assez élevée – c'est le jugement de l'actuel président, François Hollande –, le constat est le même : nous avons perdu en compétitivité dans les douze dernières années, précisément depuis que l'euro a solidifié notre taux de change. La comparaison des exportations françaises et allemandes sur cette période est édifiante. Or, les deux pays ont bénéficié de la même conjoncture, et ils avaient la même monnaie. C'est bien que les facteurs du succès ne résident pas uniquement dans ces deux éléments.

Les problèmes du constructeur automobile PSA, révélés en juillet 2012 à la faveur de l'annonce de la fermeture de l'usine d'Aulnay-sous-Bois, témoignent bien de cette impasse. Les voitures Peugeot sont trop chères pour des véhicules de gamme moyenne – la situation est légèrement différente pour Citroën, qui a en partie réussi sa migration vers le haut grâce aux nouvelles DS. Il faut soit baisser les prix, c'est-à-dire délocaliser, soit monter en gamme, de façon à vendre des autos plus séduisantes, qui autorisent des prix supérieurs, permettant de financer des salaires plus élevés. En gros, PSA a le choix entre deux stratégies. Celle de Renault, qui a pris le virage du *low cost*, les véhicules à bas coûts, et ne fabrique plus en France qu'une voiture sur cinq. Ou celle, rigoureusement inverse, de Volkswagen, qui sort des véhicules de plus en plus sophistiqués et s'est déployé dans le haut de gamme grâce aux autres marques du groupe, Audi ou Porsche. Il n'y a pas de salut entre les deux branches de cette alternative.

Alors que nous fabriquions encore 3,6 millions de voitures en France au moment de l'introduction de l'euro, il n'en sort plus que 2,4 millions de nos usines aujourd'hui. La France, deuxième nation automobile d'Europe, enregistre un déficit commercial sur cette industrie, alors que l'Allemagne aligne des dizaines de milliards d'euros d'excédent… L'industrie automobile est la métaphore des difficultés de la France et de son face-à-face avec l'Allemagne. La seule période où nous sommes parvenus à renverser le rapport de forces était la réunification allemande, où nous avons profité de la faiblesse temporaire de notre voisin pour lui fourguer nos voitures. Dès que l'Allemagne a absorbé les « nouveaux Länder », le rapport de forces initial est réapparu.

Qui faut-il incriminer pour expliquer un tel Verdun industriel ? L'euro ? Les actionnaires et les dirigeants de nos constructeurs ? Les 35 heures ? Probablement ces trois facteurs ont-ils joué, dans une mesure qui demeure difficile à préciser si l'on veut rester de bonne foi et ne pas donner prise à l'idéologie. Là aussi, en remontant la chaîne des causalités, on arrive à l'inexplicable, ce qui ne peut se résumer en courbes ou en équations, et qui pourtant est un facteur central : la culture, l'histoire et les habitudes des hommes. Sans doute les industriels français ont-ils conservé la culture de la dévaluation, qui remettait régulièrement les pendules à l'heure, tout comme les syndicats de salariés, qui obtenaient des victoires d'autant plus faciles qu'elles étaient en partie en trompe-l'œil. L'État, à l'évidence, a aussi conservé ses travers, lorsqu'il intervient avec des doigts gourds et multiplie les incitations fiscales illisibles et changeantes sur le coût du travail.

Pouvons-nous sortir de cette impasse et apprendre une autre forme de réglage, plus consensuelle entre la gauche et la droite, entre les dirigeants et les salariés, qui permettrait de traiter les handicaps de compétitivité sur le long terme ? La France y semble moins prête que jamais, si l'on se fie aux débats de la campagne électorale et aux premiers mois de la présidence Hollande. Jusqu'ici, nous avons évité l'épreuve de vérité. Le modèle social français, passé du financement par l'inflation au financement par la dette, fonctionne toujours. Nicolas Sarkozy, en s'alignant sans conditions sur les positions allemandes pour donner le sentiment trompeur que la France était rigoureuse, a épargné au pays une vraie cure d'austérité et un travail sérieux sur ses handicaps. Il a passé l'essentiel de son mandat à détricoter ce qu'il avait fort imprudemment décidé la première année, dans un contretemps magistral avec la conjoncture. Pour le reste, il a navigué au plus près, avec l'habileté et le talent d'improvisation de celui qui doit combattre la malchance.

François Hollande a tenté, lui aussi, de passer sous le vent. Cette période se termine. La détérioration de la conjoncture européenne qui se profile pour l'automne 2012 va aggraver nos difficultés structurelles, alors que le soutien aux pays du Sud va éprouver nos finances publiques. Il va falloir choisir. On ne peut pas rester dans l'euro et prendre des mesures qui altèrent la compétitivité, sauf à se trouver dans une situation proche de celle de l'Espagne, en 2013 ou 2014. Ou alors il faudrait rompre avec le libre-échange commercial, de façon à restaurer autrement la compétitivité française, en fermant les frontières. Mais cette option est impensable pour l'Allemagne, qui tire trop de bénéfices de l'abaissement des frontières commerciales dans le monde pour laisser rétablir des barrières qui obéreraient ses exportations.

À l'inverse, comment imaginer que la France supporte, politiquement, une mise sous tutelle de la « troïka », Fonds monétaire en tête, si sa situation financière se détériorait au point qu'elle n'ait plus accès au financement sur les marchés, sinon à des taux d'intérêt prohibitifs ? Une telle éventualité est inenvisageable. Si la France en arrive là un jour, ce sera la fin de l'euro, pour au moins deux raisons. D'abord, la France est une économie trop grande pour être sauvée – son pib est deux fois supérieur à celui de l'Espagne. Ensuite, elle ne saurait aliéner sa souveraineté dans les conditions qu'ont acceptées la Grèce, le Portugal et demain l'Espagne, pays dont la tradition démocratique n'a guère qu'une grosse génération d'âge.

Le choix est d'autant plus difficile que le lien à l'Allemagne est le fondement de notre politique économique et de notre diplomatie depuis plusieurs décennies. Lien à la fois noble, qui ambitionne d'aller à rebours de l'histoire et de ses sanglants épisodes, et passablement névrotique, qui oscille entre deux extrêmes : l'adoration sans conditions et l'animosité irrationnelle. La germanophilie et la germanophobie. Ce lien a été mis à l'épreuve par la crise de l'euro, mais pas de façon insurmontable, comme le montre la convergence des taux d'intérêt de l'été 2012. François Hollande, après ses prises de position antiallemandes pendant la campagne électorale, a rapidement décroisé ses skis une fois la majorité obtenue à l'Assemblée nationale, à la mi-juin. Son intervention du 14 juillet évoquait même une relation « équilibrée » et des « compromis ». La critique de l'Allemagne et de sa chancelière n'avaient pour objectif que de se démarquer de son prédécesseur qui, lui, s'était imprudemment aligné sur Berlin au point d'annoncer la participation d'Angela Merkel à ses meetings électoraux. Objectif atteint, puisque Hollande a été élu, et désormais inutile. Reste l'héritage, qui sera célébré en grande pompe en janvier 2013, à l'occasion du cinquantenaire du traité franco-allemand de l'Élysée. Et deux personnalités, Merkel et Hollande, bien plus proches sur le plan du caractère que ne l'était le couple précédent, et plus complémentaires sur le plan politique. La plupart des couples franco-allemands associaient des personnalités de bords politiques opposés, ce qui permettait à l'un et à l'autre de mettre en difficulté sa propre opposition. La tradition est maintenant retrouvée.

Si la logique politique héritée de l'après-guerre rapproche la France de l'Allemagne, il en va tout autrement de l'évolution de la démographie, le soubassement essentiel de l'organisation d'une société et de son économie. Au moment même où la monnaie unique était mise en circulation, les deux puissances du continent marquaient leurs différences, leur divergence même, sur ce plan, l'Allemagne voyant sa population totale diminuer, faute de naissances, alors que la France accentuait encore sa singularité démographique avec l'un des taux de natalité les plus élevés, malgré la diminution du nombre de femmes en âge de procréer. Les démographes les plus éminents se perdent en conjectures pour expliquer ce phénomène. Reste la vérité des chiffres, difficilement contestable, et leur puissant effet sur le long terme : les Françaises font moitié plus d'enfants que leurs voisines d'outre-Rhin. De ce point de vue, la Grèce, le Portugal, l'Espagne et l'Italie sont beaucoup plus proches de l'Allemagne. L'anomalie dans la zone euro, c'est la France.

Si les tendances actuelles se prolongent, la France pourrait devenir la première puissance démographique du continent à l'horizon 2050. Cela n'est pas, en soi, un facteur déstabilisant pour l'union monétaire. Ce qui l'est en revanche, c'est la part relative des jeunes dans la population, plus élevée chez nous, et qui va le rester malgré le vieillissement de la population française, alors que celle des plus de 65 ans augmentera plus vite outre-Rhin qu'en France. Elle est aujourd'hui largement supérieure à 20 % en Allemagne, mais seulement de 16,3 % en France. Comment gérer les systèmes sociaux, avec leur paramètre central, la redistribution entre générations, alors que les deux principaux pays connaissent des évolutions aussi divergentes ? Comment un pays où les jeunes font de la résistance, la France, peut-elle tolérer une monnaie gérée d'abord pour les épargnants et les rentiers ? Si les classes d'âge entrantes subissent en serrant les dents le sort qui leur est imposé en Grèce, au Portugal, en Espagne, pays de l'Europe du Sud vieillissante, les jeunes Français auront-ils la même patience ? Pourraient-ils avaler la médecine que le chancelier Schröder a administrée à sa jeunesse avec ses lois Hartz et ses « mini-jobs », temps partiels payés quelques centaines d'euros par mois ? On peut en douter. La plupart des crises sociales que notre pays a connues récemment concernaient les jeunes et leur intégration problématique dans la société : les émeutes urbaines de novembre 2005, la révolte contre le Contrat première embauche (CPE), lorsque Dominique de Villepin était à Matignon, celle contre le Contrat d'insertion professionnelle (CIP, dit « smic jeune »), promu par Édouard Balladur en 1994. La France entre en éruption quand on touche à ses fonctionnaires ou à ses jeunes, et l'euro ne convient guère ni aux uns ni aux autres.

CHAPITRE 5

Le retour du traité de Versailles

Durant les prochains mois, durant les prochaines années, le film commencé en 2007 va se poursuivre. Il se jouera en parallèle sur deux écrans. Sur le plan mondial, les forces déflationnistes vont gagner en puissance. Ces forces iront jusqu'à leur terme inévitable, la disparition de la dette et du système qui l'a rendue possible. Plusieurs routes sont envisageables pour en arriver là. Un krach, à la suite de la faillite d'une banque ou d'un État. Ou bien une très longue période de stagnation. Ou encore une révolte sociale de grande envergure dans certains pays, avec la répudiation des engagements « illégitimes » pris antérieurement. Ou encore une période d'hyperinflation. Toutes ces éventualités sont vraisemblables, et elles ne sont pas incompatibles entre elles. La seule incertitude sérieuse touche au calendrier, imprévisible dans des systèmes de cette complexité.

Ces forces déflationnistes ne sont que le double inversé de celles qui ont été libérées dans les années 1980 et déchaînées dans les années 1990 et 2000, celles du cycle du crédit excessif. Le point d'inflexion entre les deux phases de ce cycle, l'une montante et l'autre descendante, était 2007. Il a fallu une génération pour monter jusqu'à ce point de rupture, où le niveau d'endettement mondial était devenu incompatible avec les possibilités de remboursement. Il faudra probablement la même durée pour « déflater », c'est-à-dire nous libérer de ces dettes absurdes et improductives. En bref, à l'automne 2012, nous n'avons couru qu'une douzaine de kilomètres sur le marathon qui nous attend. Peut-être une quinzaine, tout au plus. La prochaine surprise viendra des pays émergents, la Chine au premier chef, qui connaissent des débordements financiers au moins aussi graves que les nôtres, contrairement à ce que disent la plupart des économistes, et qu'il faudra purger aussi. Dès qu'on soulèvera les tapis en Chine – et nul doute que Pékin sera contraint de le faire un jour ou l'autre, à cause du ralentissement mondial –, on trouvera des centaines de milliards de dollars de dettes pourries, liées à l'immobilier. Comme chez nous. Comme aux États-Unis. Comme toujours. Sur les quatre dernières années, la moitié de la croissance chinoise provient de la spéculation immobilière et de grands travaux inutiles, commandés par des autorités qui n'ont qu'une peur : perdre le pouvoir si le moteur chinois ralentit et si le mirage vendu au peuple se dissipe. Comme chez nous. Comme toujours.

Pessimiste, ce constat ne l'est en rien. Il est tout bonnement conforme à ce qu'on observe dans l'histoire. De telles crises n'ont rien à voir avec les récessions habituelles. Elles se produisent à intervalles relativement réguliers, tous les soixante-dix à quatre-vingts ans – en gros, la durée d'une vie humaine. La dernière grande secousse est celle des années 1930 ; celle d'avant remonte au milieu du XIXe siècle, provoquée par l'emballement du crédit qui a suivi l'invention du chemin de fer et la pulsion libérale et libertaire qui a désintégré les empires européens. Comme si, dès lors qu'il n'y avait plus de témoins vivants de la dernière catastrophe, les mêmes illusions produisaient les mêmes dérives. Deux historiens américains, William Strauss et Neil Howe, ont retrouvé la trace régulière d'un tel cycle jusque dans les années 1400. Dans un livre publié en 1997, *The Fourth Turning* (*Le Quatrième Tournant*), ils pronostiquaient le déclenchement d'une crise, causée par l'excès de liquidités, vers 2005. Nous sommes à peu près dans les temps.

C'est à la lumière de ce grand cycle qu'il faut comprendre les difficultés de l'union monétaire. Elle n'en est qu'une déclinaison régionale, c'est le théâtre secondaire d'une guerre bien plus large, qui se déroule dans la plupart des régions de l'économie mondialisée. Après cette guerre, qui aura une fin, nul doute que nos sociétés et l'économie ne se reconstruisent sur des bases radicalement différentes, dans des formes que nous sommes incapables d'imaginer aujourd'hui, avec des leaders qui sont déjà nés mais que nous ne parvenons pas à identifier. Et il est tout à fait vraisemblable qu'alors l'économie mondiale connaisse une longue période de croissance forte, comme les Trente Glorieuses. Mais il n'est pas encore l'heure pour tout cela. On ne peut commencer un nouveau monde sans avoir renié le précédent. Et c'est précisément la fonction d'une crise, selon la belle formule de Gramsci : une crise, c'est ce qui sépare le vieux du neuf.

Sur le théâtre européen, l'actualité va s'intensifier. La Grèce va très probablement sortir de l'euro. Le pays s'enfonce dans une récession sans fin, l'État se désintègre, la scène politique est peuplée de fantoches qui n'ont plus aucune crédibilité. Incapable de mener à bien les réformes qui lui sont demandées, la Grèce souffre d'une monnaie complètement inadaptée et n'a même pas en contrepartie des taux d'intérêt faibles : il n'y a pas de solution à l'intérieur de l'union monétaire, ni à court terme ni à long terme, à moins de supposer que les pays du Nord lui transfèrent une centaine de milliards d'euros chaque année, sans limitation de temps et sans conditions. C'est politiquement impensable. Et financièrement périlleux.

Le meilleur que la Grèce puisse espérer, c'est que ses partenaires gèrent avec elle, de façon coopérative, le retour à la drachme, et qu'ils continuent à payer pour stabiliser les banques et l'économie une fois qu'elle aura quitté le giron commun. Pour l'Europe, l'opération sera coûteuse, mais plutôt moins que les plans de sauvetage qui ne servent à rien. Et au moins y aura-t-il une perspective. Il faudra probablement rétablir une sorte de système monétaire européen, qui permette d'arrimer la drachme à l'euro. Et bien évidemment rétablir un contrôle des changes très strict, en Grèce même. La nouvelle monnaie devrait se déprécier de moitié au moins, ce qui divisera la dette par deux. Divisés par deux également, l'épargne des citoyens investie en titres publics, les actifs des entreprises européennes en Grèce – la filiale du Crédit Agricole, Emporiki, notamment. Le pays va faire un bond en arrière de plusieurs années, comparable à celui qu'a fait l'Argentine tout au début des années 2000 dans des circonstances très similaires. Mais la dévaluation de la monnaie va stimuler considérablement l'économie, le tourisme en particulier, et devrait susciter rapidement le retour des capitaux, à la recherche de bonnes affaires. Toujours la bonne vieille loi des sociétés humaines : quand les prix baissent, les acheteurs reviennent. Ce dont souffre le pays aujourd'hui, c'est d'être trop cher pour tout. Dans le bon scénario, qui n'est pas improbable si le pays est aidé dans la phase critique, la renaissance grecque ressemblera à celle de l'Islande. Et la bulle grecque aura vécu.

Quid de l'Armageddon financier qui nous est promis depuis bientôt trois ans si la Grèce quittait l'euro ? Il y a beaucoup d'exagération et d'« euromantisme » dans ces avertissements. Un, le bilan du sauvetage de la Grèce est désastreux et pour les Grecs eux-mêmes, et pour les Européens. On ne peut guère sauver que celui qui veut l'être. Deux, la plupart des gens raisonnables qui avaient des intérêts en Grèce les ont vendus, parce qu'ils anticipent l'inévitable, malgré les dénégations des chefs d'État et de gouvernement européens. Les investisseurs ont voté avec leurs pieds et cédé leurs obligations il y a déjà longtemps, avec des pertes considérables. Les liens croisés sont donc bien moins nombreux et importants qu'avant 2010. Une séparation occasionnerait ainsi des dégâts moindres, parce que beaucoup d'acteurs s'y sont préparés. Il resterait bien sûr des points d'impact. Le principal est le bilan de la Banque centrale européenne, qui contient plusieurs dizaines de milliards d'euros de dette grecque, achetée sur les marchés ou bien acceptée jusqu'en juillet dernier comme « collatéral », c'est-à-dire comme garantie de prêts consentis aux banques commerciales grecques. Ces obligations seraient également dévaluées, la BCE sera contrainte d'afficher des pertes importantes et il faudra la recapitaliser, elle aussi, comme une vulgaire banque commerciale. Mais cette opération devra être faite, quoi qu'il arrive à la Grèce. Car, quoi qu'il arrive à la Grèce, ses titres de dette ne seront pas remboursés.

Trois, les divorces monétaires sont évidemment compliqués à mettre en œuvre au niveau technique, mais pas davantage que les mariages. Ce que la technique a construit – l'union monétaire avec la Grèce –, la technique peut le défaire. L'histoire récente a d'ailleurs vu plusieurs séparations similaires, sans que cela provoque de tremblements de terre ou de guerres civiles. Qui se souvient du divorce monétaire entre Prague et Bratislava, lorsque la Tchécoslovaquie a été coupée en deux États ? Personne, car il s'est déroulé calmement. Et l'opération était encore plus complexe, puisqu'il fallait organiser non seulement la séparation économique et monétaire, mais la construction de deux États distincts.

L'Espagne, elle, est en train de tomber comme une pierre, sous l'effet d'une violente récession, de l'implosion du système financier et des scandales politiques qui ont discrédité le parti populaire, à droite, et son homologue de gauche, le parti socialiste. Le roi Juan Carlos lui-même, héros de la transition démocratique, a été éclaboussé par l'affaire du safari en Rhodésie, où on l'a vu baguenauder alors que son pays votait dans la douleur des mesures d'austérité sans précédent. Dans quelques semaines ou quelques mois tout au plus, le pays sera contraint de demander l'aide financière de ses partenaires et du Fonds monétaire international, pour plusieurs centaines de milliards d'euros, afin de subvenir aux besoins de l'État, des provinces en faillite et des banques. Quand l'Espagne tombera, elle asséchera une bonne partie des réserves financières du FESF-MES, l'usine à gaz inventée pour venir en aide aux nécessiteux. Se posera alors la question de la recapitalisation de ce fonds commun : qui la prendra en charge, alors qu'il n'y a plus d'argent nulle part ? Et si l'Italie a, elle aussi, besoin d'argent, comment faire ?

Pour autant, ni l'Espagne ni l'Italie ne quitteront l'euro délibérément. C'est du moins peu probable, car ils n'en ont ni les moyens ni le désir. La Grèce est un cas particulier, à cause de sa situation catastrophique et de l'écart initial qui la séparait du reste de l'Europe. Cas particulier que les Européens pourront – et devront – traiter comme tel. L'Italie est l'un des pays fondateurs de l'Europe. L'Espagne est un membre plus récent, mais beaucoup plus intégré. Aucun des deux pays n'est encore dans une situation politique intérieure comparable à celle d'Athènes, où l'attachement de la population à l'union vacille, et pour cause.

Les problèmes financiers de l'Espagne vont donc créer un nouveau point de vulnérabilité dans l'Union, non pas au Sud, mais au Nord, chez les riches, ceux qui savent bien que prochainement on va les réveiller en pleine nuit pour leur demander de faire un nouveau chèque, beaucoup plus important cette fois. À l'exception de la Grèce, ce ne sont pas les pauvres qui risquent de quitter l'euro, mais les riches.

La Finlande, tout d'abord. Ce petit État du Nord, fort prospère, rechigne de plus en plus à payer – il ne paie qu'à proportion de son poids dans l'Union, c'est-à-dire modestement. Il a déjà obtenu des garanties tout à fait singulières lors des derniers plans de sauvetage, de façon à pouvoir récupérer sa mise avant les autres, en cas de faillite des pays du Sud. Tous les autres pays ont accepté ces demandes finlandaises peu civiles, par crainte de voir Helsinki bloquer l'adoption des résolutions communes. L'extrême droite finlandaise, anti-euro, a progressé fortement lors des dernières élections et son emprise sur la vie politique nationale s'est affirmée. Elle ne laissera pas passer un nouveau sauvetage sans une épreuve de force. Et c'est l'un des rares pays qui ont les moyens de leur chantage.

Si la Finlande sortait de l'euro, elle obtiendrait des conditions de financement internationales meilleures que celles d'aujourd'hui, car ses taux d'intérêt rejoindraient ceux du Danemark ou de la Suède, autres États européens hors de l'euro, fort bien gérés. Le seul risque qu'elle prendrait serait de voir sa monnaie… s'apprécier, comme la couronne suédoise ou le franc suisse, valeurs refuges, ce qui pénaliserait ses exportations. Alors que l'Allemagne elle-même a vu sa perspective dégradée par l'agence de notation Moody's, à la fin de juillet 2012, la Finlande a conservé tous les attributs du triple A, la meilleure note possible.

Les Pays-Bas connaissent une situation politique très voisine de celle de la Finlande, avec une extrême droite nationaliste de plus en plus virulente contre les plans de sauvetage de l'Europe du Sud et le coût qu'ils occasionnent pour les finances publiques néerlandaises. Le sentiment antieuropéen monte chez les électeurs, qui n'avaient pas hésité à voter non au référendum sur la Constitution européenne, en juin 2005, à 61,5 %.

Le troisième risque, beaucoup plus important, est de voir l'Allemagne s'impatienter devant la litanie des navires à renflouer. La chancelière Merkel déclarait ainsi le 14 juin dernier : « La force de l'Allemagne n'est pas sans limite. » Elle s'exprimait devant le Bundestag et parlait en réalité à ses partenaires. « L'Allemagne est forte, elle est le moteur et l'ancre de stabilité en Europe, elle a mis sa puissance au service du bien-être, non seulement en Allemagne même, mais en Europe et dans le monde entier. » Angela Merkel faisait ce commentaire alors que les taux d'intérêt allemands remontaient sensiblement, à cause de la pression de plus en plus forte qu'exerçaient les nations du Sud pour mettre en place les fameux « eurobonds », c'est-à-dire pour que Berlin garantisse leurs dettes. Depuis, une nouvelle alerte s'est produite à la fin de juillet, lorsque Moody's a indiqué que la perspective pour la note financière allemande était désormais « négative ».

L'Allemagne est exposée à la faillite des pays du Sud sur quatre fronts. Le plus évident est celui des plans de sauvetage, financés à hauteur de près de 30 % par Berlin. Le montant total des lignes de crédit du FESF et du MES pourrait approcher les 700 milliards, ce qui correspond à un engagement de 210 milliards pour les Allemands. Le deuxième est beaucoup moins connu, mais il est encore plus spectaculaire. La Bundesbank, banque centrale allemande, a financé les banques centrales des pays déficitaires à hauteur de 700 milliards d'euros, dans le cadre du système de compensation TARGET, qui relie entre eux les instituts d'émission de la zone euro. Cette créance, qui ne cesse de gonfler, déchaîne les économistes outre-Rhin, Hans-Werner Sinn en particulier. Très influent, le professeur Sinn prépare du reste un livre sur TARGET, et met en garde régulièrement l'opinion publique contre le risque qu'il contient : explosion de l'euro ou non, cette créance a toutes les chances de ne jamais être remboursée. À la facture des déficits extérieurs, il faut encore ajouter le coût de l'Emergency Lending Assistance (ELA), un prêt d'urgence entre banques centrales destiné à contrer les crises de liquidité dans les banques commerciales de la zone, si les déposants retirent leurs économies. À ce jour, l'ELA a décaissé 200 milliards, dont un tiers pèse sur les épaules allemandes. Et il est fort vraisemblable que cette enveloppe grossisse encore sous l'effet de la détérioration en Espagne.

Sur ces trois premiers fronts, l'Allemagne est donc exposée à hauteur de plus de 1 000 milliards d'euros. C'est plus de 40 % de son pib. La facture potentielle du sauvetage raté de l'Europe du Sud est déjà comparable, dans son ampleur, à celle de la réunification allemande…

Et ce n'est pas fini. Très probablement, dans les semaines qui viennent, les dirigeants politiques en plein désarroi vont se tourner vers le dernier coffre-fort qui subsiste, le saint-bernard, le sauveteur en chef, la Banque centrale européenne. Comme les moyens du FESF-MES sont limités par les possibilités d'endettement des États qui le garantissent, certains beaux esprits ont trouvé la solution : il suffit de donner au MES une licence bancaire, ce qui va lui permettre d'emprunter auprès de la BCE. Laquelle BCE peut créer de l'argent sans limitation aucune, par un simple jeu d'écriture informatique. Il lui suffit de rajouter quelques zéros à son bilan. La BCE n'est surveillée par (presque) personne, c'est l'autorité monétaire la plus élevée, elle dispose d'un prestige important, hérité de celui de la Bundesbank. Pourquoi ne pas utiliser cette crédibilité aujourd'hui, en faisant tourner la planche à billets, c'est-à-dire en créant de la monnaie qui servirait à racheter les dettes excessives et à renflouer les pays en faillite ? Les dettes seraient ainsi parquées dans le bilan du MES financé par la Banque ou directement dans celui de la BCE, pour la durée la plus longue possible, en attendant qu'elles soient érodées par l'inflation. Comme un déchet nucléaire qu'on enfouit le temps qu'il perde sa radioactivité. Depuis 2010, l'institut d'émission a déjà racheté sur les marchés financiers 210 milliards d'euros d'obligations des pays du Sud, Grèce, Portugal, Espagne et Italie.

Pour les dirigeants politiques, c'est la solution idéale : facile à mettre en œuvre, elle permet d'éviter les décisions douloureuses et ses dangers, considérables, ne se matérialisent qu'à long terme. Pour la finance, c'est aussi la solution idéale : on évite le krach et l'on donne à tous les détenteurs de dette la possibilité de sortir sans coût, en revendant les créances pourries à la puissance publique. L'intervention de la BCE, c'est le jackpot intégral, c'est un nouveau banquet inespéré et gratuit qui se prépare. À table ! Dès que Mario Draghi, le président de la Banque, fait la moindre déclaration évoquant la possibilité de tels rachats, les marchés financiers montent, mis en appétit par la perspective d'un nouveau festin. Politiques et financiers ayant de puissants intérêts à suivre cette option, elle sera certainement initiée dans les mois qui viennent, malgré l'opposition des Allemands.

Ces derniers sont en effet contre, et ils ont de bonnes raisons pour cela, qu'un esprit raisonnable ne peut que partager. Tout d'abord, la crédibilité de la Banque centrale n'est pas un bien inaltérable. Si la BCE crée de la monnaie sans limite, ce bien va s'abîmer : plus de monnaie pour une même quantité de richesse produite, voire une quantité moindre si nous sommes en récession, c'est inévitablement une forte hausse des prix, à terme. L'inflation n'est pas un mal en soi, sauf lorsqu'elle s'emballe et échappe à tout contrôle. Personne ne sait faire « un peu » d'inflation. Il n'y a pas de robinet qui permette de régler précisément ce débit. On peut ainsi passer très rapidement de la déflation, situation actuelle, à l'hyperinflation, à cause de simples anticipations psychologiques. Tout est affaire de confiance. Or, personne ne sait quantifier la confiance, et pas davantage situer la limite de création monétaire tolérable au-delà de laquelle on met en péril cet actif essentiel au fonctionnement du système. Une seule chose est sûre. Si l'on autorise les dirigeants politiques à créer de la monnaie sous l'emprise de la finance, il est très probable que cette limite subtile soit franchie, parce que la création monétaire assure une impunité provisoire à ceux qui font de fausses promesses. Exactement comme l'endettement.

Que les citoyens perdent confiance dans leur monnaie, et nous entrerions alors dans une période de grand désordre économique et politique. Dès que la valeur de l'épargne, du travail, des échanges, devient imprévisible, par exemple à cause d'une hyperinflation, ce sont toutes les valeurs qui sont atteintes. Il y a là une curieuse osmose entre la monnaie fondamentale et l'ordre social. Parce que la monnaie est un étalon qui permet de rémunérer l'effort, la compétence, le talent, de mesurer et de corriger les inégalités. Faute de cela, une société s'effiloche.

La monétisation de la dette constitue l'ultime dévoiement. C'est l'excès de dette privée qui avait déclenché la première phase de la crise, en 2007-2009. Parce qu'elle n'était plus supportable par les agents privés, les banques en particulier, cette dette a été transférée dans le bilan des États, c'est-à-dire sur les épaules du contribuable. La nationalisation des dettes était le premier coup de force réussi de la finance. Trois ans plus tard, en 2012, ce sont les États et les contribuables qui ploient sous le fardeau insupportable. On s'apprête donc à réaliser un second transfert de la dette, qui a entretemps progressé en volume, des États vers les banques centrales, le dernier rempart du système. Qui donc soulagera les banques centrales, lorsque celles-ci auront leur bilan plombé par les milliers de milliards de dettes irrécouvrables ? Qui donc sauvera le dernier saint-bernard, lorsqu'il ne parviendra plus à remorquer son traîneau ? Il ne restera qu'à appeler la banque centrale de la Lune ou de Mars. Et il est fort possible qu'elles ne répondent pas à nos appels.

Une telle opération ne peut que déboucher sur une catastrophe monétaire de grande ampleur. Ce serait le second coup de force réussi de la finance, qui serait alors parvenue à disséminer largement sa faillite en avilissant la monnaie. Voilà trente ans qu'elle a peu à peu colonisé les banques centrales, en particulier celle des États-Unis avec son ex-patron Alan Greenspan, pour financer un endettement sans limite. Elle tente aujourd'hui un dernier bluff, juste avant la fin de la partie.

Curieusement, les promoteurs d'une telle solution ne remarquent pas que les deux pays qui pratiquent une forme atténuée de monétisation de la dette, les États-Unis et le Royaume-Uni, ne s'en portent pas mieux pour autant. Aux États-Unis, malgré 1 300 milliards d'actifs financiers achetés par la Federal Reserve sur les marchés financiers (10 % du pib), la reprise reste faiblarde. Ce qui ne dissuadera pas Ben Bernanke, héritier de Greenspan, de déclencher un troisième round de *quantitative easing*, c'est-à-dire de rachat d'obligations, avant la fin de 2012. Au Royaume-Uni, les achats ont même été supérieurs, en proportion du pib, et le pays est pourtant retombé dans une récession sérieuse au début de l'année, à un rythme annualisé qui s'est accru d'avril à juin dernier, à près de – 3 %. Et c'est logique : on ne peut pas régler un excès de dette avec de la dette supplémentaire.

L'heure de la mère des batailles avec l'Allemagne approche donc. Berlin, chargé des dettes accumulées par d'autres, alors qu'il est parvenu à quasiment équilibrer le budget fédéral cette année, va ferrailler contre l'ouverture du robinet à liquidités, car il a fait de la stabilité monétaire la marque de sa réussite, le symbole de la renaissance pacifique de l'Allemagne d'après-guerre. Si même Berlin mollit devant les cris des moribonds d'Europe du Sud, que fera Francfort, le siège de la Bundesbank ? Comment l'opinion publique allemande et celle du milieu des industriels, très sensibles toutes deux sur ces questions, vont-elles réagir ? Des voix éminentes s'élèvent désormais outre-Rhin pour préconiser la sortie de l'euro. Celle de Hans-Werner Sinn, qui a signé avec deux cents personnalités une tribune en ce sens. Celle de Thilo Sarrazin, un ancien de la Bundesbank qui a publié à la fin de mai un best-seller, *L'Europe n'a pas besoin de l'euro.* La thèse de Sarrazin est la suivante : c'est la culpabilité allemande, causée par sa responsabilité dans la Seconde Guerre mondiale et l'Holocauste, qui explique sa tolérance au rançonnage dont elle est aujourd'hui victime de la part de ses partenaires. Elle se comporte comme si elle devait payer encore pour cette faute imprescriptible. Caricatural, l'argument de Sarrazin ne peut pourtant être balayé d'un revers de main. Il est incontestable que les Européens attendent de l'Allemagne une bonne volonté européenne perpétuelle, peut-être à cause de son passé, mais aussi parce que c'est la puissance du continent qui semble, contrairement à ce que dit Angela Merkel, sans limite.

Autre voix à s'être exprimée récemment, Hans-Olaf Henkel, ancien patron du MEDEF outre-Rhin, le 17 juillet dernier dans le *Financial Times* : « De plus en plus d'Allemands découvrent que si les Européens parlent maintenant allemand, ils agissent comme les Français. » En clair, les gouvernements approuvent la rigueur budgétaire dans leurs discours, mais continuent à dépenser avec une ardeur d'autant plus fraîche qu'ils utilisent la carte de crédit de Berlin. Là encore, ce que dit Henkel est en large partie faux. Mais il témoigne d'un ras-le-bol qui monte dans la population et les élites allemandes. C'est Jens Weidman, enfin, qui publiait un article dans le même quotidien britannique quelques semaines plus tôt. Le patron de la Bundesbank, avec toute la prudence qui sied à un banquier central, y indiquait que la politique monétaire ne devait pas devenir un « anesthésiant commode, destiné à prolonger un état de fait qui n'est pas supportable ». Contrairement à une idée reçue, ajoutait-il, la puissance de feu d'une banque centrale n'est pas sans limite.

De façon très significative, Henkel et Sarrazin utilisent la même métaphore, celle du traité de Versailles qui, en 1919, a saigné l'Allemagne sur le plan financier avec des réparations de guerre bien supérieures à ce que pouvait supporter le pays. Traité dénoncé par Keynes dans *Les Conséquences économiques de la paix* et qui a joué un rôle non négligeable dans l'affaissement de la république de Weimar et l'ascension des nazis. L'économiste Markus Kerber, invité au printemps 2012 de l'émission de Nicolas Doze sur la chaîne BFM-Business, disait lui aussi, dans un français parfait : « Quand les élites parisiennes réclament les eurobonds, je les entends dire : “L'Allemagne paiera.” Et même : “Les Boches paieront.” » Il n'a pas tout à fait tort. Voilà le paradoxe : l'union monétaire, prolongement de l'Europe de l'après-guerre, construite pour éviter le retour des périodes les plus sanglantes du siècle, nous ramène justement tout près du point de départ de la grande catastrophe, au traité de Versailles.

Dans l'Allemagne d'aujourd'hui, ces réflexions anti-euro portent d'autant plus que les citoyens ont le sentiment d'avoir été floués. Lorsqu'ils ont ratifié – par la voie parlementaire, et non par référendum – le traité de Maastricht, ils ne l'ont fait qu'à la condition qu'on y intègre une clause dite de *no bail-out*. Autrement dit, ils ne devaient pas être responsables financièrement des dérives constatées chez les autres. Vingt ans plus tard, à force de sommets et de palabres, l'Allemagne s'est laissé berner : elle est bel et bien responsable en dernier ressort d'un monceau de dettes qui ne sera jamais remboursé. La conscience de cet état de fait regrettable n'est pas encore assez large pour transformer le cours de la vie politique. Mais pour combien de temps ? La bataille d'Espagne, et celle d'Italie, peuvent changer radicalement l'attitude de l'Allemagne. Jusqu'ici, elle est le seul pays d'Europe qui n'ait pas de parti extrémiste. Cela s'explique probablement par le tabou puissant qui frappe le nationalisme allemand, aux yeux des citoyens eux-mêmes. Mais pour combien de temps, si l'Europe poursuit ces sauvetages ruineux et inefficaces ? Si elle se lance dans la monétisation accélérée de la dette, au risque de corroder la crédibilité de la monnaie ?

De façon schématique, l'Europe, ou plutôt l'alliance franco-allemande qui en est le socle, était une association entre la bombe nucléaire et le Deutsche Mark. À elles deux, France et Allemagne avaient tous les attributs d'une grande puissance. Avec l'union monétaire, l'Allemagne a aussi un bouton nucléaire : si elle quitte l'euro, c'est toute la construction européenne qui s'effondre comme un château de cartes. C'est le seul pays, avec la Finlande, qui peut quitter l'euro sans dommages directs. Car c'est elle et le fantôme du Deutsche Mark qui constituent l'ancre de l'euro, cette devise étrange à qui l'on a attribué, sans doute un peu vite, les caractéristiques de solidité de l'ancienne devise allemande. Les puissantes forces de désintégration qui sont à l'œuvre vont mettre cette ancre à l'épreuve.

Dans quelle mesure l'Allemagne est-elle attachée à l'euro ou, pour être plus cynique et plus près de la vérité, dans quelle mesure l'Allemagne a-t-elle vraiment besoin de l'union monétaire ? Les Européens, et les Français en particulier, répondent toujours de la même façon à cette question. Ils comptent d'abord sur la bonne volonté éternelle de l'Allemagne en matière européenne, à cause de son histoire – c'est exactement ce que dit Thilo Sarrazin, qui n'est donc pas si farfelu. Ils expliquent ensuite que l'Allemagne, sans vouloir se l'avouer, est la grande gagnante de la zone euro. Elle accumule ses excédents commerciaux au détriment de ses partenaires, en leur ayant interdit de dévaluer.

L'union monétaire a stabilisé les colonies de l'empire germanique, comme on démoustique les zones insalubres pour les civiliser… Et l'euro a permis à l'Allemagne d'être surcompétitive à l'extérieur de la zone, grâce à un taux de change qui est tiré à la baisse par la présence, dans la zone, de l'Europe du Sud. Que l'Allemagne retrouve le Deutsche Mark et sa monnaie s'envolerait comme une montgolfière, pénalisant les industries exportatrices. En bref, que les Teutons ne nous fatiguent pas quand on leur demande de sortir le chéquier, ce n'est jamais qu'un juste retour des choses…

Il y a une part de vérité dans cet argument. Oui, l'Allemagne profite d'un marché intérieur élargi grâce à l'euro. Encore faut-il ne pas oublier que, si l'Europe entière achète des BMW ou des Volkswagen, c'est d'abord parce que ce sont de bonnes voitures, avec un rapport qualité-prix tentant. Encore faut-il noter avec Joseph Joffe, rédacteur en chef du journal *Die Zeit*, que l'Allemagne exportait davantage en Chine lorsque l'euro était cher, à 1,49 dollar, que lorsqu'il valait près de deux fois moins. C'est bien la preuve que la performance du pays à l'export s'explique aussi par bien d'autres facteurs que le taux de change. Quant au premier argument, il est pour le moins imprudent. La bonne volonté est une motivation fragile, qui connaît des intermittences, au contraire de l'intérêt. S'il s'agit d'intérêt, oui, l'Allemagne a intérêt à la préservation de l'euro, mais pas à n'importe quel prix. Et c'est ce prix qui monte, de sommet en sommet. À quoi sert d'avoir davantage de clients s'ils ne paient pas les produits qu'ils vous achètent ?

Toutes ces questions vont dominer la vie politique allemande, d'ici aux élections législatives de septembre 2013, où Angela Merkel remettra en jeu son mandat dans une atmosphère explosive, alors que la conjoncture va s'assombrir et que les centaines de milliards de dettes supplémentaires vont s'accumuler.

Et l'Allemagne va probablement organiser en parallèle un référendum pour modifier sa constitution : pour la première fois, la question de l'intégration européenne sera posée directement aux électeurs.

La question allemande est centrale pour le futur de l'euro. Comme le remarque l'expert des questions internationales François Heisbourg, un empire ne s'effondre jamais que lorsque le centre le quitte, renonçant à la fois à ses avantages et à ses obligations, et non pas quand les périphéries font sécession. C'est l'Allemagne qui constitue le centre de l'union monétaire, sur le plan économique d'abord, mais aussi politique. Il est singulier que les seuls débats politiques d'importance sur les modalités du sauvetage ou sur l'architecture du MES aient lieu au Bundestag, le parlement allemand. Rien de tel en France, où les grands partis ratifient comme un seul homme les dispositifs européens, sauf en période électorale, où ils se réveillent momentanément. À Berlin, chaque intervention du MES est discutée par les parlementaires. *Idem* pour la Cour constitutionnelle de Karlsruhe, sollicitée à plusieurs reprises pour examiner l'usine à gaz institutionnelle, qui peut différer la mise en œuvre de telle ou telle disposition parce qu'elle souhaite prendre le temps nécessaire pour l'étudier.

Face à cette hypothèque allemande, deux routes se dessinent pour la France. La première est celle qu'a semblé prendre François Hollande, avant l'élection du 6 mai dernier : devenir le chef de l'Europe du Sud, le porte-voix des pays désargentés. La contestation de la « rigueur » – la France étant le seul pays qui ne l'a pas connue, puisque la dépense publique a progressé *chaque année* du mandat de Nicolas Sarkozy, quoique de façon modérée en 2011 – était justifiée par l'échec des plans de sauvetage au Sud, mais elle plaçait Paris en opposition frontale avec Berlin, surtout lorsque le discours français était émaillé de références aux « eurobonds » ou à l'intervention de la BCE, qui sont des chiffons rouges.

Cette route est dangereuse. Poursuivie, elle ne peut que conduire à des difficultés croissantes de financement pour notre pays. À force de faire comme si nous étions un pays du Sud, tout le monde va finir par le croire et nous traiter, sur les marchés financiers, comme tel. Or, avec des taux d'intérêt à 6 ou 7 % l'an, la France explose et l'Europe monétaire se désintègre, car c'est Paris qui aurait alors intérêt à sortir de l'euro, ne profitant plus de l'avantage des taux bas. Même si les coûts ne sont pas si élevés pour la France, cette route conduit aussi à l'isolement de l'Allemagne en Europe. Si le candidat Hollande avait un avantage politique évident à l'emprunter pour se démarquer du sortant Sarkozy, le président actuel ne peut prendre le risque d'installer Berlin dans l'attitude du pays riche assiégé par les miséreux qui en veulent à son coffre. La France ne saurait servir d'appoint au coup de force de l'Europe-sans-le-sou, sauf à précipiter, ici encore, la disparition de l'euro.

L'autre option, celle qu'avait choisie Sarkozy, est d'être le directeur adjoint des pays du Nord. Position humiliante pour un Français, qui a probablement coûté sa réélection au candidat conservateur. À bien des reprises, Nicolas Sarkozy s'est présenté comme le traducteur d'Angela Merkel, ou son directeur de la communication. Ce qui, aux yeux des électeurs les plus tolérants, n'est guère attirant. Sarkozy avait fini par prendre acte de l'étroitesse de notre marge de manœuvre et par s'installer dans un espace tellement réduit qu'il donnait le sentiment de ne pouvoir rien faire. Le dividende de cette option, répétons-le, ce sont des taux d'intérêt très faibles. Le risque, que Nicolas Sarkozy a pu mesurer de près, c'est que les Français n'« achètent » pas une telle stratégie. Et encore peut-on envisager des manifestations de mécontentement populaire autrement plus bruyantes qu'une élection comme celle du 6 mai.

Charybde et Scylla. Il y a donc deux dangers symétriques dans notre relation à l'Allemagne qui, dans une période aussi dangereuse que l'année qui s'ouvre, peuvent conduire chacun à la désintégration. Le réglage de la relation franco-allemande sera le paramètre central. Il nous faudra donner à l'Allemagne des points d'appui, surtout dans une année électorale. Ce n'est pas si difficile : après tout, la France n'est-elle pas engagée aussi, sur le plan financier, dans le sauvetage de l'Europe du Sud, à des hauteurs certes moindres que l'Allemagne, mais qui pèsent quand même près de 200 milliards d'euros ? Si l'exposition *via* TARGET ne touche que les banques centrales allemande et néerlandaise, et à peine la Banque de France, les montants engagés *via* le FESF-MES sont du même ordre de grandeur de part et d'autre du Rhin, mesurés par rapport à la richesse nationale. Cette similitude devrait permettre de construire un point d'accord fondamental sur le rejet des « eurobonds ». Ni l'Allemagne ni la France n'ont intérêt à la mutualisation de la dette. C'est une fausse solution, qui ne s'attaque qu'aux conséquences de la crise européenne et non pas à sa cause. Une fois encore, c'est une idée inspirée par les intérêts de la sphère financière, en faillite, qui cherche un payeur en dernier ressort. Il est incompréhensible que tant Sarkozy que Hollande aient manifesté leur intérêt pour un tel projet, déresponsabilisant, qui gaspillerait l'argent du contribuable au profit de la spéculation.

En contrepartie, il faut convaincre l'Allemagne d'assouplir le rythme de l'assainissement budgétaire au sud de l'Europe, et d'alléger la facture de la dette en faisant payer davantage les créanciers, c'est-à-dire en restructurant la dette méridionale, comme on l'a fait pour l'Afrique, pour l'Amérique du Sud à plusieurs reprises, et pour certains pays d'Asie. La France, à la lisière entre les deux Europe, a une position idéale pour initier un tel projet.

Restera bien sûr la question de l'assainissement budgétaire que la France s'impose – ou non – à elle-même. Les premiers pas du gouvernement de Jean-Marc Ayrault à ce sujet ont été très politiques. La réaffirmation constante de l'objectif d'un déficit limité à 3 % du pib en 2013 a servi de bouclier à de fortes hausses d'impôt et au retour partiel à la retraite à 60 ans, pour les salariés qui ont commencé tôt leur carrière professionnelle – encore une concession faite à la génération libérale au détriment des jeunes. En clair, la France est passée une nouvelle fois entre les gouttes. Mais la croissance zéro va compliquer l'équation budgétaire et politique de 2013 : le plus gros reste à faire. Il va falloir choisir. Et le faire sous l'œil de Berlin.

CHAPITRE 6

Les vendeurs de repas gratuits

Cette année sera celle de tous les dangers, puisqu'elle va cumuler un retour de la récession pour la zone euro et jusque dans son cœur, en France et en Allemagne, l'effondrement d'un très gros pays du Sud, l'Espagne, peut-être celui de l'Italie, et la sortie vraisemblable de la Grèce. Le tout alors que la crise mondiale devrait entrer dans sa seconde phase, marquée par l'inefficacité des politiques de soutien budgétaire et l'inutilité des outils monétaires classiques. Non seulement la dette héritée des années folles a subsisté, mais elle s'est multipliée. Elle gangrène peu à peu tous les bilans, y compris celui des banques centrales. Nous sommes face à la plus grave crise financière du siècle.

Le risque est aujourd'hui élevé de voir s'enclencher un *bank run*, c'est-à-dire une série de retraits bancaires massifs de la part des déposants, qui prendraient peur devant l'insolvabilité croissante des établissements financiers et des États qui sont supposés leur venir en aide. De tels mouvements ont déjà été observés en Grèce, à une échelle qui aurait été insupportable pour le système bancaire local s'il n'avait pas bénéficié de l'aide d'urgence accordée par la zone euro à sa banque centrale. On l'a également constaté en Espagne, et il y a toutes chances que ce mouvement s'amplifie devant les difficultés du pays et la paralysie dont font preuve le Premier ministre, Mariano Rajoy, et son gouvernement. Jusqu'ici, il se fait au profit des banques du Nord. C'est-à-dire que les Espagnols et les Grecs virent leurs économies en Allemagne ou aux Pays-Bas, réputés plus sûrs. Mais la prochaine étape pourrait toucher l'Allemagne, car, si l'épargne remonte vers le Nord, des flux symétriques d'aide financée par le Nord doivent être organisés, et c'est la solvabilité du cœur qui va être compromise.

L'insistance des dirigeants à ne pas remettre en cause les modalités de sauvetage qu'ils ont définies dans l'urgence, il y a deux ans, fait remonter lentement les difficultés de la périphérie vers le centre. La suite logique est soit l'effondrement du Nord, sous le poids d'engagements trop lourds même pour lui, soit son départ de la zone euro, sous la pression des opinions publiques. Dans les deux cas, c'est la faillite non contrôlée, avec des risques de déstabilisation politique et sociale considérables.

En Europe, les forces de la désintégration vont donc être plus puissantes que jamais. Et elles finiront par l'emporter, si les mauvaises solutions et les pratiques absurdes subsistent. L'euro, même s'il n'est pas responsable de tous nos problèmes, va cristalliser le ressentiment des peuples contre la crise et les dirigeants inefficaces. L'heure approche où triomphent les vendeurs de repas gratuits, ceux qui ont une explication simple et des remèdes illusoires.

Parmi ceux-là, les « sécessionnistes », ceux pour qui la sortie de l'union monétaire réglerait toutes les difficultés. On connaît leur raisonnement : libérés de la contrainte monétaire commune, nous pourrions mener une stratégie économique qui ramènerait la croissance. Soit. Mais alors comment expliquer les mésaventures du Royaume-Uni, qui n'a pas l'euro et pourtant affiche des performances en matière de croissance et d'inflation moins bonnes que les nôtres ? À l'été 2012, le pib britannique est inférieur à ce qu'il était en 2010, lorsque David Cameron est arrivé au pouvoir. Et bien inférieur à ce qu'il était en 2007, avant la crise. Depuis cinq ans, l'Angleterre ne cesse de dégringoler, que les travaillistes ou les conservateurs soient au pouvoir, que la livre sterling s'apprécie ou se déprécie face aux autres monnaies, que le gouvernement dépense ou fasse des économies, que la banque centrale monétise ou non l'énorme dette publique britannique. Comment encore expliquer l'épuisement de la reprise aux États-Unis, pays souverain en matière monétaire s'il en est, puisqu'il a le privilège d'émettre, avec sa monnaie, la devise mondiale, pour laquelle les acheteurs restent anormalement nombreux ? Ou celui du Japon, qui a « monétisé » sa dette depuis près de vingt ans ?

Lorsqu'on leur présente ces arguments, les sécessionnistes se tournent alors vers la Suède ou le Danemark, qui se portent plutôt bien, ou encore vers la Suisse, pour exalter la vie sans l'euro. Ces comparaisons sont absurdes. Le Danemark, la Suède et la Suisse sont des pays structurellement tournés vers l'exportation, avec un appareil industriel d'une compétitivité sans égale. Ce sont aussi des pays bien gérés, qui ont réduit ou limité leur dette publique et ne tolèrent pas le déficit. Ce sont enfin des pays de petite taille, où le consensus national est solide, où les inégalités sont plus faibles que chez nous, car la redistribution y est plus importante, tandis que le marché du travail est beaucoup plus flexible. En clair, ces trois pays sont organisés d'une façon complètement différente de la nôtre, à cause de leur culture et de leur histoire. Pourquoi attribuer leur réussite à la monnaie, alors qu'elle repose d'abord sur des siècles de tradition industrielle ? Qu'ils aient conservé leur devise n'est pas la cause de leur prospérité, c'est l'une des conséquences de leur différence. Quand les sécessionnistes veulent changer les Français en Suédois, c'est tout aussi vain que de les changer en Allemands, comme le voulaient les partisans de l'euro il y a vingt ans.

Lorsqu'on les presse davantage, les sécessionnistes en arrivent toujours à leur point essentiel : si nous n'étions pas dans l'euro, disent-ils, nous pourrions mobiliser la Banque de France et lui faire créer de la monnaie pour financer les investissements de long terme dont le pays a besoin, plutôt que d'avoir à emprunter sur les marchés financiers. Nous serions alors libérés de la dictature des marchés. En clair, ils proposent de fabriquer de l'argent pour régler les dépenses de l'État, selon le bon vouloir du pouvoir en place, qui pourrait ainsi régaler ses clientèles à bon compte. C'est-à-dire parachever le travail entrepris par Alan Greenspan, le banquier central américain, et de ses émules, qui se sont lancés dans une fuite en avant en créant toujours plus de monnaie pour augmenter artificiellement les richesses par endettement, au profit d'une petite classe de rentiers. Et encore Greenspan n'a-t-il jamais donné directement aux politiques le pouvoir de créer de la monnaie. Le résultat a été la plus grosse bulle spéculative de tous les temps, dont l'explosion déstabilise aujourd'hui la planète entière. Non, merci. On a déjà donné.

L'unique loi qui vaille en économie est celle de la raison : il n'y a pas de repas gratuits. La seule source de création de richesse durable est la productivité, l'invention et le travail des hommes. Ceux qui veulent échapper à cela en créant artificiellement de l'argent ne font qu'affaiblir la valeur du signe monétaire, et font porter le fardeau de leurs erreurs sur tous les acteurs de la vie économique. Ce sont des marchands de sable.

À dire vrai, les sécessionnistes ont trouvé des alliés inattendus et précieux avec les partisans officiels de l'euro et l'indigence de leur discours pour défendre la monnaie unique. Argument officiel n° 1 : « On n'a pas le choix. » Curieuse façon de défendre un projet qui a mobilisé plusieurs générations que de ne plus savoir même pourquoi on l'a entrepris… S'il faut rester dans l'euro, cela ne peut être que parce que c'est souhaitable. Un choix vaut par ce à quoi il s'oppose, l'autre voie de l'alternative, celle justement moins efficace ou moins légitime. Argument n° 2 : « Il n'est pas possible techniquement de quitter l'euro. » Mario Draghi, le président de la Banque centrale européenne, a repris cette idée sous une forme plus évoluée : « L'euro est irréversible », déclarait-il au journal *Le Monde*, le 22 juillet 2012. C'est évidemment une ineptie. Répétons-le, un choix aussi important que celui-là, sans être remis en cause tous les quatre matins, ne saurait être confisqué de la sorte par des technocrates, fussent-ils éminents. Ce qu'ont fait les techniciens, ils peuvent le défaire, si le politique l'exige. La déclaration de Mario Draghi au *Monde* est presque inquiétante, car elle rappelle les dernières interventions d'Erich Honecker, le dirigeant est-allemand, qui assurait, juste avant la chute du Mur, que l'édifice allait durer cent ans… Argument n° 3 : « Si l'on sort de l'euro, c'est le nationalisme et la guerre en Europe. » La perspective d'une guerre opposant des pays vieillissants comme les nôtres est évidemment peu crédible. Quant au ressentiment opposant les peuples les uns aux autres, la disparition de l'euro pourrait effectivement l'alimenter Mais, soyons justes, le ressentiment est tout autant stimulé par l'interdépendance que l'euro a créée entre les sociétés, exacerbée par la crise. Argument n° 4 : « Avec l'euro, les étudiants européens et les touristes peuvent voyager sans avoir à changer leur argent. » Par charité, nous ne discuterons pas ce point.

C'est tout le problème des « euromantiques » : leurs arguments sont faibles et fragilisés par la technique de sauvetage qu'ils ont choisie, inefficace et coûteuse. Du coup, le camp d'en face fait salle comble. Et cela se complique encore lorsque interviennent les fédéralistes. Les « eurobonds », ces obligations mutualisées à l'échelle européenne qu'ils préconisent comme solution à la crise, seraient une fuite en avant dans la dette avec deux conséquences regrettables : l'effondrement des pays du Nord, à leur tour, et un nouveau banquet pour la finance. Le seul précédent que nous ayons connu, dans les années 2000, n'incite guère à reproduire l'expérience. À l'époque, l'alignement des taux d'intérêt en Europe sur l'Allemagne avait déclenché une déresponsabilisation et un endettement généralisés. Pourquoi en serait-il autrement aujourd'hui ? Le principe fondamental de la bonne gouvernance, c'est qu'il ne faut pas dissocier la responsabilité de l'action.

Sécessionnistes et fédéralistes sont en réalité dominés par l'idéologie. Pour les uns, c'est le retour à l'État-nation indépendant. Pour les autres, c'est la constitution d'un vaste ensemble fédéral, les États-Unis d'Europe. Et ils en oublient de considérer la réalité.

Oui, la zone euro a un inconvénient intrinsèque : la rigidité absolue des taux de change intérieurs. Cette caractéristique, évidente depuis le départ, aurait dû interdire que la Grèce, sans doute le Portugal, peut-être même l'Espagne, participent à l'aventure. On ne peut associer dans la même monnaie que des pays qui ont des niveaux de compétitivité voisins, à moins de condamner les riches à payer à perpétuité pour financer un écart que les transferts eux-mêmes vont contribuer, indirectement, à préserver. Il ne s'agit pas de stigmatiser la propension à dépenser de tel ou tel gouvernement du « Club Med », comme le disaient les Allemands de façon méprisante il y a vingt ans, mais de prendre acte des écarts de compétitivité difficiles à combler dans le cas de la Grèce, qui entraînent *mécaniquement* la croissance de l'endettement extérieur.

Seul le climat d'indifférence totale au risque financier, qui prévalait à la fin des années 1990, a pu justifier qu'on fasse entrer la Grèce dans l'euro. C'était une erreur monumentale, pour la Grèce et pour ses partenaires. Il faut la réparer et organiser la sortie de la Grèce. L'incroyable aveuglement dont font preuve les dirigeants européens à ce sujet n'a fait qu'alourdir le coût considérable d'un sauvetage absurde. Dès 2010, il était évident qu'Athènes ne pourrait parvenir à ajuster ses coûts sans une dévaluation massive, sauf à prendre le risque de saigner à la fois les Grecs et l'Union. Deux ans plus tard, les partis extrémistes sont aux portes du pouvoir à Athènes, la zone euro a dépensé des centaines de milliards et il n'y a pas d'espoir de voir une amélioration. Arrêtons ce gâchis !

Pour les autres pays du Sud, l'Espagne en premier lieu, la situation n'est guère supportable, mais elle peut être réglée différemment. L'Espagne souffre de l'éclatement d'une gigantesque bulle immobilière – bien plus importante que celle des *subprimes* américains, probablement l'une des plus importantes de tous les temps, mesurée en proportion du pib – qui a gonflé à la faveur de l'euro et de la folie des années 1990-2000. Elle se trouve devant une alternative, qui vaut pour toute l'Europe du Sud : soit sortir de l'euro, soit organiser une faillite partielle qui va la libérer d'une partie de sa dette.

La restructuration de la dette des pays périphériques n'est pas si difficile, quand on l'envisage sérieusement. Elle pourrait prendre la forme suivante, pour les pays les plus atteints que sont l'Irlande, l'Espagne, le Portugal et l'Italie : une prolongation arbitraire de toutes les échéances de trois ans, et le non-versement d'intérêts aux créanciers pendant cette période, concernant les dettes de ces pays. Une telle décision serait solennellement prise par tous les pays de la zone euro. Pendant trois ans, l'Europe en difficulté serait libérée de la pression des marchés : plus besoin d'aller chercher des dizaines de milliards pour le renouvellement des dettes qui arrivent à maturité. Les pays en excédent primaire, c'est-à-dire hors remboursement des intérêts de la dette, seraient alors en excédent tout court. L'argent mis de côté pourrait abonder un fonds de garantie, qui servirait plus tard à désendetter le pays, ou être investi dans l'éducation, ou contribuer d'une façon ou d'une autre à travailler la compétitivité réelle, c'est-à-dire l'innovation et le coût du travail. Pendant trois ans, l'Europe du Sud retrouverait une conjoncture à peu près normale, ce qui lui permettrait de faire les réformes qui lui sont indispensables. Elle suivrait la voie islandaise.

Ce n'est qu'une idée. Il y en a bien d'autres pour alléger la dette. Peut-être faut-il plutôt rééchelonner la dette sur vingt ans, de façon à en diminuer le coût. L'objectif est toujours le même : réduire la charge du contribuable pour que la croissance reparte, et prélever sur les détenteurs de capital. Ne pas rémunérer les obligations pendant plusieurs années lèserait évidemment les épargnants. Mais c'est un moindre mal, la dévaluation le ferait tout autant. Cette idée suppose aussi qu'on rétablisse le contrôle des changes aux frontières de la zone euro, ce qui est de toute façon inévitable. Le régime de liberté totale pour la circulation des capitaux a vécu, quoi qu'il arrive. Il est impensable de préserver une telle liberté dans la situation de gravité exceptionnelle que nous vivons. Les temps nouveaux de la « répression financière » commencent, avec la chasse au contribuable et à l'épargnant trop mobile. On peut le regretter, mais c'est ainsi. Et l'époque est proche où nous nous étonnerons d'avoir connu l'absence totale de contrainte pour les détenteurs de capitaux. Ce virage idéologique de la fin du libéralisme est entrepris, il ne fait que commencer et rien ne l'arrêtera, car il n'y a pas de solution libérale à la crise que nous connaissons.

Ne faut-il pas craindre la vengeance de la finance, qui facturerait des taux d'intérêt élevés, dès lors que l'Europe du Sud reviendrait sur les marchés financiers ? Peut-être. Sauf si la maison est remise en ordre d'ici là, et que les perspectives de retour à une situation normale deviennent crédibles. Et, par ailleurs, ne subit-on pas déjà la vengeance de la finance, alors qu'elle n'a pas même été blessée ? En faisant monter les taux d'intérêt, elle facture à l'Europe du Sud un dommage qui n'a pas encore eu lieu, par crainte de se le voir infliger. Du coup, elle provoque ce qu'elle redoute. C'est absurde.

Quel est l'avantage de cette solution, par rapport à l'autre, qui serait la sortie pure et simple de l'union monétaire ? D'abord, elle évite la secousse financière et psychologique de la rupture, et les dégâts bancaires qui l'accompagneraient. La plupart des banques de la zone euro, et celles du monde entier, sont en risque d'insolvabilité, car elles ont à leur bilan des actifs dont la valeur, artificiellement soufflée par la bulle du crédit, va chuter dans les années qui viennent. Un choc supplémentaire, lié à la dépréciation monétaire des pays voisins, risquerait de faire s'effondrer tout le système financier. Avec une restructuration de la dette, les épargnants et le système financier seront tondus, mais ils sauront exactement de combien. Le risque est bien moindre d'enclencher un processus cumulatif de panique autoréalisatrice. Cela change tout. Et encore peut-on calibrer les pertes en fonction du niveau d'épargne, avec un mécanisme qui garantirait les montants en dessous d'un certain seuil par personne ou par foyer.

Ensuite, cette solution évite de se priver des *véritables* avantages de la monnaie unique, qui sont au moins trois. L'euro permet tout d'abord de développer les échanges commerciaux à l'intérieur de la zone monétaire, ce qui est un facteur de croissance. Plus on échange, plus on crée d'emplois et de revenu, plus on innove, plus on progresse, pourvu que les termes de l'échange soient justes (c'est-à-dire qu'il n'y ait pas de distorsion de concurrence monétaire). « Le travail des uns crée le travail des autres », selon la formule évocatrice de l'économiste français Alfred Sauvy. L'euro permet ensuite une certaine solidarité financière et monétaire entre ses membres. Si les pays les plus compétitifs profitent davantage du premier atout que les autres, il est normal qu'ils en rétrocèdent une partie, sous la forme d'aides ou de garanties limitées – il ne s'agit en rien de fédéralisme, car ces aides et garanties doivent rester sous le contrôle politique des États membres.

Enfin, l'union monétaire, et plus largement l'Europe, permet de peser davantage dans le jeu mondial, qu'il soit monétaire, diplomatique ou militaire. C'est une évidence qu'il faut rappeler : les grands pays européens sont devenus, considérés isolément, des puissances non plus moyennes, mais faibles. Ils profitent encore d'avantages hérités de l'après-guerre, comme le siège au Conseil de sécurité de l'ONU. Mais la réalité démographique et économique de leur poids dans le monde ne correspond plus à ces vestiges. Même le Royaume-Uni en a pris acte, avec la « relation spéciale » qui l'associe aux États-Unis – et qui bien souvent la fait s'aligner sur Washington. Dans les guerres de demain, les confrontations monétaires ou commerciales n'auront rien perdu de leur violence, loin s'en faut, et l'on se défend mieux à plusieurs. Le rapport de forces est le principal déterminant des relations internationales. Tout ce qui peut contribuer à l'améliorer est précieux.

Certes, ces avantages n'ont pas le même intérêt selon l'endroit d'où on les considère. Vus d'Athènes, ils ne pèsent que faiblement en contrepartie de la très forte surévaluation de la monnaie, insupportable par rapport à la compétitivité et aux maigres atouts de l'économie. La Grèce doit sortir de l'euro et dévaluer. Vus d'Espagne, ils doivent être examinés de très près. Sans pour autant faire oublier que, pour rester dans la monnaie unique, l'Espagne a beaucoup d'efforts à faire pour se développer en dehors du secteur qui a causé sa perte, l'immobilier et la construction. Jusqu'ici, les réformes du marché du travail ne portent que sur les nouveaux entrants, les jeunes. Ce n'est ni juste ni supportable. Et ces réformes ne pourront probablement pas être accomplies avec l'actuel gouvernement, qui a constamment sous-estimé – ou dissimulé – la gravité des problèmes financiers causés par la crise de l'immobilier, et fait montre d'une rare inconséquence dans sa communication politique.

Vus de Rome, les avantages de l'euro pèsent un peu plus lourd encore, pour deux raisons. D'abord, le nord du pays a une excellente compétitivité et a tout intérêt, comme nombre de régions septentrionales du continent, à la stabilité monétaire. Ensuite, l'Italie est l'un des pays fondateurs de l'Europe, comme l'indique le nom lui-même du traité initial. Son attachement à l'Europe est profond et ancien. La perspective d'un destin monétaire solitaire, alors que l'euro subsisterait, épouvanterait aujourd'hui les Italiens. Mais il faut noter que l'audience politique du comique Beppe Grillo, anti-élites et anti-Europe, ne cesse de progresser. Elle est accrue par la politique de rigueur du président du Conseil Mario Monti, complètement improductive, alors que le pays s'enfonce, lui aussi, dans la récession. L'espérance de vie politique de ce gouvernement est assez problématique, malgré son caractère dit « technique ». Et si l'extrême gauche attend en embuscade, la droite hybride de Silvio Berlusconi n'a pas désarmé.

Vus de France, les atouts de l'euro sont encore plus manifestes. L'euro a jusqu'ici permis à la France d'échapper à la crise budgétaire sans pour autant entreprendre la réforme de l'État-providence – ce n'est pas un objectif très noble, mais c'est celui que nous nous sommes donné, avec Nicolas Sarkozy d'abord, et plus encore avec François Hollande. Au sortir de la première phase de la crise, le pays reste en déficit important (4,5 % du pib en 2012) et conserve malgré tout, jusqu'ici, des taux d'intérêt faibles. Contrepartie négative, à 1,40 dollar pour un euro, notre devise était certainement surévaluée par rapport à l'état de notre appareil industriel et à la compétitivité globale de l'industrie aéronautique et automobile, pour ne citer que deux des principaux secteurs. Mais à 1,20 dollar pour un euro, cela se discute.

Si la compétitivité française s'est indubitablement détériorée depuis dix ans, l'euro y a joué un rôle marginal : ce sont les choix politiques qui ont été faits par les Français et leurs gouvernements qui ont largement pesé sur nos exportations. Les 35 heures, en particulier. Les statistiques d'évolution du coût du travail réalisées par Eurostat en témoignent : il y a dix ans, nos coûts étaient inférieurs à ceux de l'Allemagne ; ils sont aujourd'hui supérieurs, et parmi les plus élevés d'Europe, alors que la qualité relative de nos produits ne s'est pas améliorée. La détérioration du commerce extérieur français s'explique d'abord par cet effet de ciseaux. Une dévaluation ne réglerait donc nos difficultés que de façon marginale et temporaire.

Il existe ainsi une voie pour sauver l'euro. Elle est étroite et escarpée, mais accessible. Elle suppose que l'Europe rompe avec la doctrine qui a jusqu'ici inspiré ces sauvetages calamiteux. Qu'elle fasse tomber un tabou en déclarant que les dettes excessives ne seront pas payées, tout simplement parce que ce n'est pas possible sans entraîner débiteur et créancier à la faillite conjointe. Qu'elle prenne le risque d'affronter ses créanciers, justement grâce à son unité. Et qu'elle travaille sa compétitivité pendant le temps libéré du poids de la dette abusive. C'est un nouveau compromis entre le Nord et le Sud qu'il faut élaborer. En échange de la stabilité monétaire dans la zone, le Nord exportateur doit protéger le Sud, en l'aidant à restructurer sa dette. Il n'est plus temps de chercher les responsabilités, de stigmatiser le tempérament national de tel ou tel pays. La dette est là, menaçante, elle gagne du terrain chaque jour et risque de plonger au fond du gouffre la zone euro. En échange de cette protection et du temps gagné, le Sud doit profondément réformer son économie. Faute de quoi l'euro ne survivra pas.

C'est une opération de longue haleine. Peut-être trois, peut-être cinq, peut-être dix ans seront nécessaires. Elle est subordonnée à la conjoncture mondiale, et peut ainsi être allégée avec une dévaluation de l'euro face au dollar, ou durcie avec un nouvel accès de la crise financière. Trop long, difficile, aléatoire ? C'est vrai. De surcroît, il n'y a plus beaucoup de temps pour le faire, car les dernières années ont été gaspillées, et avec elles nos ressources. Mais l'autre solution, la sortie de l'euro, n'évitera ni les efforts ni l'aléa : la crise de la dette est là, elle s'est logée dans l'union monétaire, mais ne se confond pas avec elle – elle lui survivrait. Elle sanctionne trente années de libertés inconséquentes, d'inégalités croissantes, de rentes aberrantes, pendant lesquelles on a désactivé toutes les règles et toutes les protections. Il faudra de toute façon purger ces dettes trop lourdes et subir la chute de niveau de vie que cela occasionnera. En sortant de l'euro, on ajouterait à cette difficulté le risque d'une guerre monétaire sur le continent lui-même. Pour quel gain, exactement ?

Préserver l'euro, c'est préserver, au niveau du continent, un peu de prévisibilité, de solidarité, un peu d'ordre. Pour les temps qui viennent, cette organisation sera précieuse. Car il faudra probablement affronter, sur le plan monétaire et commercial, les autres régions de l'économie mondiale, qui se débattront dans des difficultés très voisines des nôtres et qui seront tentées de prélever la croissance chez les autres, grâce au dumping monétaire. La préservation d'une architecture commune et d'un jeu coopératif sur le continent permettra à l'Europe de se protéger. Ceux qui nous assurent qu'on peut échapper aux difficultés en sortant de l'euro sont au mieux des naïfs. Et au pis des vendeurs de repas gratuits, qui défendent leurs intérêts au travers du système qu'ils préconisent. Avec ceux-là, la facture finit toujours par arriver. Et elle est d'autant plus lourde qu'on l'a différée.

TABLE

Cet ouvrage a été imprimé par
CPI Firmin-Didot
à Mesnil-sur-l'Estrée
pour le compte des Éditions Fayard
en septembre 2012

Photocomposition Nord Compo
Villeneuve-d'Ascq

PAPIER À BASE DE
FIBRES CERTIFIÉES

Fayard s'engage pour
l'environnement en réduisant
l'empreinte carbone de ses livres.
Celle de cet exemplaire est de :
0,500 kg éq. CO_2
Rendez-vous sur
www.fayard-durable.fr

Dépôt légal : septembre 2012
N° d'édition : 36-57-3545-5/01– N° d'impression : 114138
Imprimé en France